JN409586

The Psalms of Book

성경과 영어를 동시에

시편 영어로 통째 외우기

The Psalms of Book

성경과 영어를 동시에

일주일 만에

시편 영어로 통째 외우기

| 김다윗 지음 |

살림

나를 구원하신 하나님께 모든 영광을 드린다.

그리고 나는 나의 영웅이자 나의 스승인 3000년 전에 이 땅을 살았던 위대한 시인이었던
다윗 왕에게 이 책을 바친다.

양을 몰 때나 적장을 향해 뛰어갈 때나 백성을 다스릴 때나 한 여인을 사랑했을 때에도 한결같은 뜨거운 시인의 가슴을 잃지 않았던 그에게서 나는 삶이 시가 되게 하는 것이 어떤 것인지를 배웠다.

그리고 나는 내 아들로 왔다가 나에게 너무나도 소중한 인생을 일깨워주고 나보다 먼저 천국으로 간 다윗에게 그리고 그가 떠난 지 3년이 지난 바로 그날 새로이 태어난 또 다른 아들 다윗에게 소중한 아빠의 가슴을 담아 이 책을 드린다.

세상에서 가장 위대한 시들을 향하여 떠나는 축복의 여행

이제 가슴 떨리는 시편 속으로 함께 떠나자!

오늘이 위대한 삶을 살게 될 당신의 첫 날이 되게 하라

우린 이 멋진 여행을 혼자 떠나지 않는다. 다윗을 위대한 시인이 되게끔 했던 말씀의 원저자 되시는 성령님이 우리와 함께 하신다. 감사의 말을 그분께 아뢰며 이제 시작하라. 자신의 손을 자기 머리 위에 올리며 하나님께 지혜를 달라고 기도함으로 이 놀랍고도 축복된 사역을 시작하자. '지혜를 구하는 기도'는 매일 암송 전에 해야 하는 기적의 기도임을 명심하라.

지혜를 구하는 기도

우린 우리의 두뇌를 의지해서 말씀을 외워서는 안 된다. '머리가 나빠서 성경을 못 외우겠다!'라는 말을 해서도 안 된다. 말씀을 읽고 외우기에 앞서 항상 그분의 지혜를 구해야 한다. 지혜가 부족한 자를 꾸짖지 아니하시고 후히 주시는 그분(야고보서1:5)을 신뢰하고 그분을 따라야 한다. 날마다 말씀을 외우기 전에 자신의 머리에 손을 올리고 그분의 지혜가 임하시기를 기도하라.

나는 믿는다. 구하는 자에게 주시는 그분의 지혜를. 우리가 구하면 주시는 그분의 지혜를 날마다 구할 때 이 땅에서 받을 지혜는 얼마나 무한할 것인가? 날마다 나의 아이들은 그 지혜를 구했고 그 놀라운 지혜를 받아 일년 만에 로마서와 마가복음을 다 외웠다! 그리고 세상에서 가장 긴 시들 중 하나인 시편 119편(총 176절)을 일주일 만에 다 외웠다.

자, 이제 시작이다.

Blessed is the man

복 있는 사람은

우리말을 마음으로 읽고 영어 본문을 큰 소리로 외쳐보자. 영어로만 외우면 된다. 영어로 외우고 나면 우리말은 저절로 우리 마음에 남아 있게 된다.

큰 소리로 읽은 뒤에는 눈을 감고 그것을 외워보라.

다음은 추가된 부분을 붙여서 큰 소리로 읽어보자.

다시 눈을 감고 외워보라.

Blessed is the man **who does not walk**

복 있는 사람은 따르지 아니하고

다 외웠으면 다음으로 넘어간다.

Blessed is the man who does not walk **in the counsel of the wicked**

복 있는 사람은 악인들의 꾀를 따르지 아니하며

Blessed is the man who does not walk in the counsel of the wicked **or stand in the way of sinners**

복 있는 사람은 악인들의 꾀를 따르지 아니하며 죄인들의 길에 서지 아니하며

Blessed is the man who does not walk in the counsel of the wicked or stand in the way of sinners or **sit in the seat of mockers.**

복 있는 사람은 악인의 꾀를 따르지 아니하며 죄인의 길에 서지 아니하며 오만한 자들의 자리에 앉지 아니하고

이러한 방법으로 우린 시편을 외워 나간다.

1절을 완전히 다 외우고 2절의 말씀을 이 책을 따라 읽고 외우라. 그 후에 1절과 2절을 함께 암송하고 그 후엔 3절을 교재를 따라 읽고 외우고 그 후엔 1절부터 3절을 암송하고 4절로 넘어가라.

이렇게 하여 1편 다 외우면 날마다 1편을 주야로 암송하며 다음 시인 8편을 암송하라. 그러다 8편을 다 외우면 날마다 1편과 8편을 매일 암송하며 그 다음 시를 시작하라.

말씀 가운데 거하시는 하나님이 당신과 늘 함께 하시며 당신은 말씀되신 하나님과 날마다 살아갈 것이다. 그 후 당신에게 생겨난 감동의 스토리는 당신에게서 직접 듣고 싶다. 나와 함께 성경 암송을 시작하는 당신에게 사랑과 존경을 보내며 나는 이 책의 저자로서 생명 다하는 날까지 당신을 위해 무릎 꿇기를 마다하지 않겠다.

그분의 나라에서 뵙게 되기를...

그분의 노예, 당신의 형제

다윗 올림.

CONTENT

PART 2 시편 영어로 상세히 외우기

PART 3 일주일 만에 세상에서 가장 긴 시 외우기

PART 1

누구나 시편을 영어로 외울 수 있다

1장 다윗의 가슴으로 노래하고 다윗의 영성으로 인생을 살아라

다윗을 말하다

나는 21세기에 서서 지금으로부터 3000년 전에 살았던 사람 다윗을 이야기 한다. 그는 목동이었고 왕이었으며 음악가였고 또한 시인이었다.

그는 유능한 목자였고 가장 강력한 나라의 왕이었으며 사람들의 가슴을 흔들어 놓았던 음악가였고 영감이 넘치는 시인이었다.

그가 살다가 떠난 지 수천 년이 된 지금 이 땅엔 그를 흠모하는 사람들이 셀 수도 없이 많으며, 이 시대의 작가들은 그의 이야기로 책을 만들어 그보다 더 많은 사람들이 그가 남겨둔 시로 노래한다.

도대체 그는 누구기에 오랜 세월에 이어지도록 수많은 사람들의 사랑을 받으며 시대를 초월한 수많은 세상의 사람들이 그를 잊지 못하는 것일까?

다윗, 그는 누구일까?

그의 이름 다윗

그의 아버지 이새는 여덟 아들을 낳았다. 그는 첫째 아들이 그가 섬기는 하나님을 공경하기를 원해 아들의 이름을 '엘리압'이라 했다. 그 이름의 뜻은 '아버지의 하나님'이었다. 둘째의 이름은 '아비나답'이었다. 그 이름의 뜻은 '관대한 아버지'이다. 셋째 아들의 이름은 '삼마'였고 그 이름의 뜻은 추정하기가 쉽지 않다. 그리고 넷째는 느다넬(하나님께 받은), 다섯째는 랏대(권력을 가진). 여섯째는 오셈(강함)이었고 마지막은 다윗이었다. 역대상(2:13)에는 이새의 아들이 이렇게 일곱 명만 나온다. 한 아들의 이름은 언급하지 않고 있는데 아마도 어린 시절에 죽은 것으로 보인다.

가장 아름다운 이름

세상의 이름들 가운데 가장 아름다운 이름 중 하나인 '다윗'은 성경에서 가장 많이 발견되는 이름이다. 그 횟수는 무려 오백 번이 넘는다. 그리고 오늘날에도 세상 남자들의 이름 중에 가장 흔한 이름이 다윗, 데이비드 David일 것이다. 그만큼 사람들은 다윗이란 이름을 사랑한다. 그 이름의 뜻은 '사랑받는 자'이다.

자식들에게 주는 아버지의 첫 번째 선물은 이름이다

아버지로부터 받은 첫 번째 선물은 생애 처음 받는 선물이지만 그 선물은 살아 있는 마지막 날까지 사용하게 되며 이 세상을 떠난 뒤에도 계속 사용되기도 한다. 그리고 장차 하늘나라에서 그분을 뵈올 때에도 우린 그 이름으로 불리게 될 것이다. 자식을 낳은 아버지는 가장 먼저 아이의 이름 때문에 고민한다. 세상의 아버지들은 가장 아름다운 이름을 자식에게 주기를 원한다. 그 이름에 자신의 마음을, 자신의 소망을, 자신의 기도를 그리고 자신이 줄 수 있는 모든 축복을 담아 그 자식의 인생 앞에 건넨다. 그것이 이름이다.

나의 일곱 아이들의 이름

나는 첫 아이를 낳아 그 이름을 필립이라 했다. 필립이란 이름의 뜻은 '말馬을 사랑하는 사람'이다. 그 아이가 태어나던 해가 말의 해이기도 했지만 난 그보다도 그 이름의 한자 뜻인 '반드시 서다必立'라는 의미를 좋아했다. 나는 '인생의 어떠한 역경에도 반드시 일어나라'는 뜻으로 내 아들의 이름을 필립이라 지었다.

둘째 '다니엘'의 뜻은 '하나님은 나의 심판자'이고, 셋째 아이 '아나스타시아'는 '부활'이란 의미이다. 넷째 아이 다윗은 그 옛날의 다윗과 이름이 동일하고, 다섯째 아이 '마리아 코이노니아'의 '코이노니아'는 성령님과의 '교제 · 교통 · 나눔' 등의 뜻이다. 여섯째 아이 '에클레시아'는 '교회'라는 의미이고 막내딸의 이름 '아도니아'는 '하나님은 나의 주님이시다.'라는 뜻의 히브리 이름이다.

그는 목동이었다

다윗이란 이름의 그는 아비가 낳은 일곱 형제들과 더불어 광야에서 양을 치는 목동이었다. 하지만 그는 형들과는 다른 목동이었다. 우리는 그의 형들이 살았던 벌판을 가본 적이 없지만 그들이 광야에서 어떻게 살았는지, 그리고 그들의 아버지가 맡겨준 양을 어떻게 돌보았는지를 짐작할 수 있다.

어느 날 갑자기 선지자 사무엘이 기름병에 기름을 가득 채워가지고 그 아비의 집을 찾아 왔을 때 그것은 단순한 방문이 아니었다. 그 아들들 가운데 한 명에게 기름을 부어 이스라엘의 왕을 삼으려 함이었다. 첫째부터 일곱째 아들까지 살펴보았지만 그들 중에는 하나님의 마음에 합하여 기름을 부을만한 사람이 없었다. 그것뿐만이 아니었다. 사무엘 앞에서 장자 엘리압을 보고서 하나님은 "그를 이미 버리셨다."라고 단호히 말씀하셨다.

여기서 나는 나의 책 『거장들의 학교』에 쓴 다윗에 관한 이야기를 잠시 다시하려 한다.

사무엘이 찾아온 그날

선지자 사무엘이 기름을 가득 채운 뿔을 들고 베들레헴에 있는 이새의 집을 찾은 날 소년 다윗은 아비의 양을 먹이느라 벌판에 있었다. 아비 이새는 그 아들들을 급히 집으로 불러들였지만 막대 다윗은 그날 그 부름을 받지 못했다.

내가 이미 그를 버렸노라

엘리압은 늙은 남자가 보아도 반할만한 남자였다. 그의 용모와 큰 키는 존경받는 연로한 선지자마저 혹하여 왕으로 기름을 부을 만큼 멋진 사람이었다. 하지만 하나님은 그를 선택하지 않으셨다. 대신 하나님은 "내가 이미 그를 버렸노라(사무엘상16:7)."라고 잘라 말씀하셨다. 왜 하나님은 이새의 장자 엘리압을 그렇게 버리셨을까?

하나님이 사무엘을 이새의 집으로 보내 새로운 왕을 준비시키신 이유는 선대의 왕 사울을 하나님이 버리셨기 때문이었다.

"왕(사울)이 여호와의 말씀을 버렸으므로 여호와께서 왕을 버려 이스라엘 왕이 되지 못하게 하셨음이니이다(사무엘상 15:26)."

이스라엘의 첫 번째 왕 사울은 여호와의 말씀을 버렸고 여호와는 사울왕을 버렸다. 원어 성경에서 이때 사용된 두 번의 '버리다' 동사는 동일한 단어다. 하나님이 사울을 버리신 것은 사울이 하나님의 말씀을 버렸기 때문이었다. 그렇다면 왜 하나님은 엘리압을 버리셨을까?

광야에서 그는 어떤 삶을 살았나

그는 아비의 양을 치는 목자였다. 한번 집을 나서면 오랜 날들을 벌판에서 양들과 함께 살아가는 목자였다. 자신의 막대기가 가르치는 곳을 따라 움직이는 말 못하는 양들을 이끌고 간혹 스치는 같은 일을 가진 목자들과 눈인사를 나누며 벌판을 배회하는 목자였다. 아비의 양을 치지만 벌판에 있을 때는 자신이 왕이었고, 함께 있는 그 아비의 아들들 중에서 맏형이었다.

그의 이름 '엘리압'의 뜻은 '아버지의 하나님'이다. 그 아비는 장자를 낳아 그의 하나님을 자식에게 물려주었다. 그러나 이새의 맏아들 엘리압은 아버지의 마음을 소중히 여기지 않았을 뿐만 아니라 그 아비의 하나님도 귀히 여기지 않았다.

도대체 그가 어떻게 살았기에

양들이 있는 광야엔 사자도 있었고 곰도 나타났었다. 그 맹수들은 늘 아비의 양을 노렸다. 전쟁터엔 두 종류의 사람이 있다. 싸우려는 사람과 도망가려는 사람이다. 싸우려는 사람은 늘 이기고 도망가려는 사람은 늘 진다. 싸우려는 사람에겐 '하나님'이 있고 도망가려는 사람에겐 '자신自身'이 있다.

벌판의 맹수가 노리는 것은 양들뿐만이 아니었다. 타깃은 바로 목자가 되기도 했다. 목자들이 싸워야 할 대상은 맹수 외에 추위도 있었고 더위도 있었다. 게다가 진기한 물건들과 호기심을 자극하는 별의별 상품들을 가득 싣고 다니는 인근 나라의 대상隊商들은 그들과 건너편 벌판에서 양을 먹이는 여성 목자들까지 유혹했다.

우린 엘리압의 비행非行에 대해서 알지 못한다. 요셉이 그 아비에게 낱

낱이 고했던 형들의 잘못(창세기37:2)이 가나안 벌판을 더럽힌 것처럼 이새의 큰 아들 엘리압은 그 자신이 서 있는 벌판에서 하늘을 향하여 고개를 들지 못했음은 분명하다.

그래서 아버지 하나님은 그를 버렸다. 그리고 이새의 둘째 아들 아비나답으로부터 일곱째 아들에 이르기까지 모든 아들이 사무엘의 앞을 지나갔지만 하나님은 선지자로 하여금 기름병을 기울여 그들의 머리에 쏟아 붓게 하지 않았다.

그날 이새의 일곱 아들들은 갑자기 불어 닥친 왕이 될 기회에 깜짝 놀라워하며 뛰는 가슴을 주체할 수 없었지만 그것이 전부였다. 그들 중 아무도 왕이 되지 않은 채 이 소동은 끝나버렸다. 특히 이새의 장자 엘리압은 이스라엘의 두 번째 왕이 될 절호의 기회를 가진 사람들 중에서도 가장 큰 권리를 가진 듯 했지만 인류 역사에서 우리가 더러 보듯이 그 기득권이 늘 적중되는 것은 아니다.

하지만 그는 달랐다

형들이 아비의 양을 치느라 서성이는 벌판에서 그리 멀리 떨어진 곳에 있는 것은 아니었지만 다윗의 벌판은 달랐다. 그는 자신이 어리고 약한 목동임을 잘 알았고 그에겐 자신을 치는 목자가 있음을 잊지 않았다. 그는 자신이 벌판의 다른 목자들보다 부족한 목자임을 잘 알아 그를 부족치 않게 채우시는 주를 항상 모시고 찬양했다.

"여호와는 나의 목자시니 내게 부족함이 없으리로다(시편23:1)."

다윗은 양들을 위해 푸른 풀이 있는 벌판을 찾아 나설 때, 그리고 그 양들이 마실 시내를 찾을 때에도 노래했다.

"그가 나를 푸른 초장에 누이시며 쉴만한 물 가로 인도하시는도다(시편 23:2)."

다윗은 양들뿐만 아니라 자신의 영혼을 돌보는 목동이었다.

"내 영혼을 소생시키시고 자기 이름을 위하여 의의 길로 인도하시는도다.(시편23:3)."

잃어버린 양을 찾아 비탈길을 오르고 골짜기를 헤맬 때에도 다윗은 노래를 멈추지 않았다.

"내가 사망의 음침한 골짜기로 다닐지라도 해를 두려워하지 않을 것은 주께서 나와 함께 하심이라(시편23:4)."

그의 노래는 해가 져 어둠이 몰려오는 벌판을 울려퍼지는 메아리가 되었고 새벽 벌판을 깨우는 수도원의 종소리처럼 육체와 영이 피곤한 목자들을 깨우는 기도 소리가 되었다.

"주의 지팡이와 막대기가 나를 안위하시나이다. 주께서 내 원수의 목전에서 내게 상을 차려 주시고 기름을 내 머리에 부으셨으니 내 잔이 넘치나이다(시편23:4-5)."

그는 영원히 살 곳이 벌판인 이 땅이 아니라 그가 계신 곳 주님의 집임을 알아 바람 휘몰아치고 햇볕 내리쬐는 벌판에서 거룩히 살았다.

"나의 평생에 선하심과 인자하심이 정녕 나를 따르리니 내가 여호와의 집에 영원토록 거하리로다(시편23:6)."

그의 벌판은 형들의 벌판과는 달랐다.

아버지도 몰랐던 그의 벌판

이스라엘의 가장 큰 어른이자 선지자였던 사무엘이 이새의 집, 베들레헴을 찾아 왔을 때 그 성읍의 장로들은 떨었다. 자신의 아들들 가운데 장차 왕이 나올 것을 들은 이새 또한 그 두려움과 흥분을 감추지 못했을 것이다. 그래서 그는 벌판에 나가 있는 아들들을 속히 불러들였다.

하지만 아버지 이새는 다윗을 부르지 않았다. 위대한 지도자 사무엘이 베들레헴으로 와서 그곳의 장로들과 이새 그리고 그의 아들들이 함께 초대되어 제사를 드릴 때 소년 다윗은 벌판에서 양을 지키고 있었다.

이새에게 다윗은 여덟 아들 중 하나의 아들이었다. 그리고 그는 막내였다. 아버지에게 다윗은 다른 아들들과 하나도 다르지 않은 아들이었다. 그러나 중심을 보시는 하나님께 다윗은 다른 아들이었다. 비록 그가 제사에 초대받지 못하고 벌판에 머물러 있었지만 하나님이 받으시는 제사는 그곳에 있었다. 다윗이 없는 제사는 제사가 아님을 안 지혜자 사무엘은 다윗을 불러 올 것을 엄히 말했고 이새는 다윗을 부르기 위해 사람을 보냈다.

2장 시편을 쓴 다윗은 누구인가

그는 예배자였다

하나님은 예배할 필요가 없으신 분이다. 그래서 그분은 아무에게도 예배하지 않으신다. 예배는 우리가 하는 것이다. 우리의 여호와이신 그분께 드리는 것이 예배이다. 영이신 그분 앞에 우리가 영으로 조아릴 때 예배가 되는 것이다. 진리가 죽은 곳에선 예배가 일어날 수 없다. 예배에도 실패자가 있고 실패하는 예배가 있다.

예배자가 없는 곳에선 예배도 일어나지 않는다.

그날 베들레헴의 제사는 다윗이 도착하고 나서야 시작되었다. 그날 제사에 다윗은 제물祭物이었다. 그 제물에 제사장 사무엘은 기름을 부었고, 그 제물은 하나님께 흠향되었다. 예배의 세 요소는 그 예배를 받으시는 하나님과 그분께 바쳐질 제물과 그 위에 부어지는 기름이다. 예배의 제물은 구약에선 양이었고 신약엔 예수님이셨으며 오늘날엔 예배자이다. 그리고 그 제물에 기름 붓는 이는 바로 성령이시다. 제물에 기름이 부어져야 불이 붙고 흠향되듯 오늘 우리의 예배엔 성령님이 오셔야 하나님이 기뻐하시는 예배가 일어난다.

얼굴이 붉었던 소년 다윗은 늘 예배에 취해있던 목동이었다.

"내가 여호와를 항상 내 앞에 모심이여

I have set the Lord always before me.

그가 내 우편에 계시므로

Because he is at my right hand,

내가 요동치 아니하리로다.

I will not be shaken." (시편16:8)

뿔병의 기름이 그의 머리를 적시고 붉은 얼굴을 타고 내려와 어깨를 적셨다. 그날 이후 여호와의 영은 그를 감동시키셨다. 그는 그 감동으로 시詩를 적고 노래하며 수금을 탄다. 그가 있는 곳 어디에서라도 그가 주를 찬양할 때엔 예배가 되고 그가 무릎을 꿇는 곳은 성소가 되었다. 시편 119장 164절에 하루에 일곱 번씩 주를 찬양한다고 고백하는 시는 바로 그 다윗이 바친 시라고 나는 믿고 있다.

기름 부으심으로 인해 인간은 하나님의 사람이 되어가지만 그 기름병은 하나님만을 왕으로 모시고 살아가는 하나님의 사람들에게만 부어진다.

"왕이신 나의 하나님, 내가 주를 높이고 영원히 주의 이름을 송축하리이다(시편145:1)."

기름 부음을 받은 사람은 예배자가 되고 그 기름을 부으신 하나님은 그들이 드리는 예배 속에 계신다. 하나님의 사람들이 모인 곳이 거룩한 곳이 되고 예배자들은 그곳에서 하나님을 만난다.

나는 우리가 기록된 성경 속에서 만나는 가장 위대한 예배자가 다윗이라고 생각한다. 그가 살았던 위대한 삶과 그 놀라운 예배는 사무엘의 뿔병에서 나온 기름이 그의 머리를 적실 때부터 익어가고 있었다.

왕은 예배자 중에서 태어나야 했다.

그는 음악가였다

한 사람에게는 성령이 임하시고 다른 한 사람에게는 악신惡神이 임한다. 사울도 한때는 하나님의 영으로 감동되었던 사람이었지만 그가 하나님을 존귀하게 여기지 않자 신은 그를 떠났고 대신 악신이 그를 사로잡았다.

성령은 하나님께 속한 영이고 악령은 사탄에게 속한 영이다. 하지만 사탄도 여호와 하나님의 권세 아래 있다. 사탄은 자기 마음대로 미쳐 날뛰지만 그는 여호와 아래에 있다. 그러므로 하나님은 사탄을 지배하며 뜻대로 그들을 부리신다.

영의 세계엔 공터가 없다. 누구든 속한 곳이 있다. 하나님의 신에게 속하지 않은 사람은 악한 영에게 속해 있다. 스스로의 선택으로 하나님의 사람이 될 수 있고 하나님께 속하지 않은 빈 광야 같은 사람의 심령은 언제든지 사탄이 말뚝을 박고 줄을 쳐서 자신의 영역으로 표시한다.

우리가 살고 있는 이 땅은 거룩한 영과 악한 영의 싸움터다. 어느 싸움이든 강한 것이 약한 것을 이긴다. 하나님은 그 싸움을 우리 손에 맡겨 두셨다. 그는 우리를 위하여 싸우시지 않는다. 대신 그의 아들을 영접하고 그 이름을 믿는 자들에게는 '하나님의 자녀가 되는 권세'를 주셨다. 하나님은 우리가 그 권세로 악한 영을 이기고, 그 권세를 사용하여 세상을 정복하기를 바라신다. 권세는 사용하는 자의 것이고 그것은 사용할 때 효력이 나타난다. 하나님께 순종할수록 그 권세는 커지고 그 권세를 사용할수록 마귀는 하나님의 사람들을 두려워한다.

이스라엘의 초대 왕 사울은 하나님의 말씀을 버렸으므로 하나님도 사울을 버렸다. 그러자 하나님이 버리신 사울에게 악신이 들었고 그는 그 영의 괴롭힘을 받는다.

그러나 한 나라의 왕을 괴롭히는 악령도 기름 부으심의 사람 다윗이 켜는 수금 소리에 떠났다. 악한 영은 스스로 떠나지 않는다. 하나님의 신에 감동된 사람들의 기도와 예배를 통해 그들은 떠날 수밖에 없어 떠난다.

그는 용사였다

다윗의 첫 싸움의 상대자는 골리앗이었다. 그는 어려서부터 용사였다. 그의 키는 여섯 규빗 한 뼘으로 한 규빗은 45.6cm, 한 뼘은 23.3cm이므로 약 297cm나 되었으며 놋 투구를 쓰고 있었고 비늘 갑옷을 입고 있었는데 그 갑옷의 무게만도 57 kg이나 되었다. 그는 다리에 놋 각반을 차고 있었고 어깨 사이에는 놋 단창을 메고 있었다. 그의 손에 든 창은 베틀 채 같았고 그 창날의 무게만 철 6.8 kg이었다. 그가 방패든 자를 앞세우고 이스라엘 앞에 나타나 사십 주야를 위협했을 때 그를 본 이스라엘 사람들의 가슴은 녹아 내렸다.

이 사람이 누구이기에 살아 계신 하나님의 군대를 모욕하겠느냐

모든 사람이 떨고 있었다. 이스라엘 모든 사람이 그 사람을 보고 심히 두려워하여 그 앞에서 도망쳤다. 이스라엘의 군대를 모욕하며 위협하고 싸움을 걸어오는 블레셋의 장수 골리앗으로 인해 예전 장수였던 왕 사울은 놀라 낙담하고 있었다.

아버지의 심부름으로 형들을 만나기 위해 전장으로 나갔던 다윗은 골리앗이 외치는 소리에 두려움 대신 분노가 일었다. 그는 살아계시는 하나님과 그의 군대를 모욕하는 블레셋 장수의 입을 틀어막길 원했다.

그날 골리앗의 고함소리는 사울과 이스라엘 군대에게는 놀라움과 두려움이었지만 소년 다윗에게는 치욕이었다. 그 군대에 파묻혀 두려움에 떨었던 다윗의 큰 형 엘리압은 전쟁터에 나온 동생을 꾸짖어 화를 내었지만 그 동생 다윗은 이스라엘을 모욕하는 골리앗을 향해 뜨거운 분노를 드러냈다.

그로 말미암아 사람이 낙담하지 말 것이라

사울 왕 앞에 불려 간 소년 다윗의 첫 말은 사울의 마음을 서늘케 했다.

"그가 뉘기에 이스라엘의 왕이신 당신이 저 할례받지 못한 백성의 장수를 두려워 해 낙담하는 것입니까?"

사울이 본 것은 골리앗이었고 다윗이 본 것은 살아계시는 하나님이었다. 사울의 눈은 골리앗의 창과 그 앞에 놓인 방패에 머물렀지만 다윗의 눈은 하나님의 영광과 그 이름의 영화에서 떠나지 않았다.

낙담하게 하는 것은 허풍쟁이 사탄이 세상의 겁쟁이들에게 상습적으로 쓰는 전략이다. 하나님을 신뢰하지 않는 사람들에게 쓰는 사탄의 전술은 항상 놀라운 효과를 발한다. 사탄은 싸우지도 않고 겁쟁이들의 땅을 점령해 버린다.

그러나 믿음의 사람들은 싸워서 이긴다. 그들은 하나님께만 복종하고 사탄에 대항하여 싸운다.

"그런즉 너희는 하나님께 복종할지어다. 마귀를 대적하라. 그리하면 너희를 피하리라(야고보서4:7)."

왕이었던 사울은 속고 있었지만 목동이었던 다윗은 그 진리를 알았고 그래서 그는 골리앗을 향해 싸우기를 결심했다.

주의 종이 가서 저 블레셋 사람과 싸우리이다

"네가 가서 저 블레셋 사람과 싸울 수 없으리니 너는 소년이요 그는 어려서부터 용사임이니라(사무엘상17:33)."

사울왕은 다윗을 알고 있었고 적군의 용사 골리앗에 대한 정보도 있었다. 하지만 그가 아는 것이 세상의 전부는 아니다. 그래서 사울의 판단은 옳지 못했다. 사람들은 자신이 습득한 지식은 다 옳다고 여기는 경향이 있다. 사람들은 지식을 신뢰하고 통계수치에 의지한다. 그리고 한 번 입력된 지식이나 수치를 종교보다도 더 믿는다. 하지만 그것이 진리가 되지 못하는 경우가 많다. 다윗이 소년임을 그리고 골리앗이 어려서부터 장수였음은 알 사람은 다 아는 지식이다. 그래서 사울은 그 지식에 근거하여 다윗이 그를 싸워 이길 수 없음을 말했다. 그 지식은 옳았지만 그 판단은 진리가 아니었다.

주의 종이 사자와 곰도 쳤은즉 그가 짐승의 하나같이 되리이다

사울의 판단은 그의 지식에서 왔지만 다윗의 주장은 그의 경험에서 왔다. 다윗에겐 간증이 있었다. 그가 아비의 양을 칠 때에 사자나 곰이 와서 그 양떼에서 새끼를 물어가면 그가 도망가지 않고 그들을 따라가서 그 입에서 새끼를 건져내었다. 사자나 곰이 일어나 그를 해하고자 하면 그는 수염을 잡고 쳐서 그것들을 죽였다. 이것이 벌판의 소년에게 가능한 일인가. 하지만 하나님과 함께 했던 그의 노하우가 왕좌에 앉아 있던 사울의 생각을 끌어내린다. 이 소년 목동의 간증을 듣고 왕도 꼬리를 내렸다.

그의 벌판 그의 장막

그는 그 벌판에서 양떼만 돌본 것이 아니었다. 그는 아비의 양떼를 지키기 위해 자신을 단련했다. 윗몸 일으키기, 팔 굽혀 펴기뿐만 아니라 그는 그가 해야 할 모든 것에 최선을 다했다. 사자를 쫓아갈 때의 속도가 어떠해야 하는지 얼마만큼의 빠르기라야 곰을 따라잡을 수 있는지를 생각하며 그는 벌판 이쪽에서 저쪽까지를 먼지나게 달렸을 것이다. 아비의 양을 한 마리도 잃지 않기 위해 그는 얼마나 많은 시간동안 그 벌판을 달렸을까?

빠르기로만 사자를 잡을 수 없고 힘으로만 곰을 때려눕힐 수 없음을 안 다윗은 얼마나 많은 외로운 밤 동안을 그의 하나님께 매달렸으며 얼마나 오랜 깊은 밤을 뜬 눈으로 지새우며 자신의 하나님을 찬양했을까?

그의 벌판은 그가 하나님께 드리는 기도로 날마다 울렸으며, 그의 장막은 밤새워 올리는 그의 찬양 소리로 흔들렸을 것이다.

그는 아비의 양떼를 지키는 목동이었지만, 그는 거저 풀 따라 물 따라 벌판을 헤매는 목자가 아니라 탁월한 그 땅의 목자로 살기위해 자신을 단련하는 일에 최선을 다하는 사람이었다. 그 광야의 탁월한 목자였던 다윗은 평생을 벌판의 목자로 늙어가는 다른 목자들과는 달리 세상을 경영하는 위대한 왕으로 부름받게 된 것이다.

너는 칼과 단창으로 내게 나아오거니와

장수가 의지하는 것은 칼과 단창이다. 장수의 능력 발휘는 그 칼과 단창의 위력에 있다. 장수는 그 손에 든 무기만큼 강하다.

세상 사람들은 자신의 손에 쥘 능력 확보를 위해 공부하고 연구하며 경력을 쌓아간다. 그럴지라도 그들의 능력은 자신들이 준비한 만큼이다. 충분히 준비했다고 생각하지만 그것은 늘 부족하고 아쉽다. 그래서 그들은 그 부족분을 메우기 위해 때때로 큰 소리를 친다.

골리앗이 의지한 것은 그의 육체였고 그의 방패였으며 그 손에 들린 창의 무게였다. 그리고 크게 고함지르면 그 무기들이 더 큰 위력이 될 줄 알았다. 하지만 그것은 오산이었다. 전쟁은 여호와께 속했음을 그가 알 리가 없었다. 그의 칼집에 꽂혀 있던 칼은 그 자신의 목을 베는데 사용될 것임을 그는 아직 몰랐다.

블레셋 장수는 어린 다윗의 살을 공중의 새들과 짐승에게 먹일 것이라고 소리쳤지만 그날 공중의 새와 굶주린 들짐승들이 먹은 것은 넘어진 골리앗과 그의 군대들의 육체였다.

나는 만군의 여호와의 이름으로 네게 나아가노라

다윗이 의지한 것은 여호와의 이름의 능력이었고 지난날 그분이 함께 하셨던 경험에서 오는 믿음이었다. 그는 골리앗의 칼과 단창을 보고서도 두려워하지 않았다. 그의 갑옷과 방패를 보고서도 낙담하지 않았다.

그는 능력의 이름으로 골리앗을 향해 나갔고, 강한 무기와 완벽한 방어로 무장한 적군의 장수를 향해 달려간 것은 전쟁이 하나님께 속한 것임을 고백하는 그의 믿음이었다.

돌이 그의 이마에 박히니 땅에 엎드러지니라

강력한 무기와 완벽한 방어로 무장했던 당대 최고의 장수 골리앗도 하나님을 의지했던 소년 다윗의 물맷돌에 무너지고 말았다. 블레셋 최고의 대장장이가 만든 칼과 창을 단 한 번도 써보지 못한 채 그의 큰 육체는 비명에 무너지고 말았다.

세상을 의지한 장수는 그렇게 끝이 나고 하나님의 사람은 그날 그렇게 위대한 승리를 얻어 나라를 구했다.

"여호와의 구원하심이 칼과 창에 있지 아니함을 이 무리로 알게 하리라. 전쟁은 여호와께 속한 것인즉 그가 너희를 우리 손에 붙이시리라(사무엘상17:47)."

그의 믿음은 사실이 되었고 그날 그의 고백은 그 땅의 역사가 되었다.

사울이 죽인 자는 천천이요 다윗은 만만이로다

쓰러진 골리앗의 칼집에서 빼낸 칼로 그의 머리를 잘라 돌아오는 다윗을 보며 이스라엘의 여인들은 뛰놀며 노래했다.

"사울이 죽인 자는 천천이요. 다윗은 만만이로다."

하나님의 사람들은 세상에서 칭송을 받을 때에 그 영광을 하나님께 돌린다. 세상이 그들을 높일 때 하나님을 기억하는 것은 안전한 길로 가는 통로가 된다. 여인들의 칭송은 사울의 질투를 불러일으키고 다윗에게는 하나님의 사람으로 들어서기 위한 제2막이 되었다.

이제 그는 골리앗을 넘어 그의 왕 사울을 극복해야 할 때가 오고 있음을 알아야 했다.

그에게 사울은 골리앗을 이기는 것보다 훨씬 어렵고 까다로우며 더욱 영적으로 깨어 있어야 함을 말해준다. 골리앗을 위해서는 시냇가의 매끄러운 돌 몇 개면 족했지만 사울을 위해서는 더욱 민감하고 예민하게 하나님을 찾고 그의 지혜를 구해야 했다. 하나님이 새로이 준비시키시는 왕은 하나님의 마음에 합당한 자라야 하고 하나님은 그런 다윗을 원하셨다.

그리고 그는 시인이었다

그는 눈물로 시를 쓰고 피를 찍어 시를 적었다. 그는 시인이었다. 그는 붓끝으로만 시를 적는 사람이 아니었다. 그의 시에는 인생이 가득 차 있었고 그의 시에는 사랑과 열정과 순결과 거룩함이 묻어 있었다. 그는 그 시인의 가슴으로 양을 몰았고 그 시인의 열정으로 그의 양들을 지켰다. 그는 시가 가득한 그의 가슴을 지닌 채 용사가 되었고, 그는 영감 넘치는 가슴 그대로 왕이 되었다. 시인의 가슴을 지닌 거룩한 분노로 적장의 머리를 베었고 주님의 사랑이 가득한 가슴으로 백성을 다스렸다.

그는 삶으로 시를 쓰는 시인이었다. 그의 삶은 시가 되었고 그의 신앙이 시가 되었다. 그는 가슴 가득한 시로 기도했고, 가슴 밖으로 쏟아져 나오는 노래로 하나님을 높였다. 세상의 그 어떤 비평가도 그의 시를 비평할 수 없으며 그 어떤 작가도 그의 시를 모방할 수 없었다. 그는 그대로 시인이었고, 그의 시는 그대로 찬양이 되었다.

PART 2

시편 영어로 상세히 외우기

이제 당신이 다윗이다

이제 우리는 그의 시로 함께 기도할 수 있고, 그의 시로 다같이 하나님을 노래할 수 있다. 이제 우리는 그의 가슴으로 노래하며 그의 영성으로 삶을 살아갈 수 있다. 우리가 다윗같이 시를 쓸 순 없어도, 그의 노래를 부를 수는 있다. 그의 시를 따라 읊으며 우린 21세기의 다윗으로 살아갈 수 있다. 그의 노래를 따라 부르고 그의 시를 가슴 깊이 읊조리라. 당신이 다윗의 시로 노래할 때 당신은 다윗의 가슴으로 가득 차게 될 것이고, 다윗의 시로 기도할 때 당신은 다윗이 받은 놀라운 축복을 받게 될 것이다.

1 **Blessed is the man**
복 있는 사람은

Blessed is the man **who does not walk**
복 있는 사람은 가지 아니하고

Blessed is the man who does not walk **in the counsel of the wicked**
복 있는 사람은 악인들의 꾀를 따르지 아니하며

Blessed is the man who does not walk in the counsel of the wicked
or stand in the way of sinners
복 있는 사람은 악인들의 꾀를 좇지 아니하며 죄인들의 길에 서지 아니하며

Blessed is the man who does not walk in the counsel of the wicked
or stand in the way of sinners **or sit in the seat of mockers.**
복 있는 사람은 악인의 꾀를 좇지 아니하며 죄인의 길에 서지 아니하며 오만한 자들의 자리에 앉지 아니하고

Blessed is the man who does not walk in the counsel of the wicked or stand in the way of sinners or sit in the seat of mockers.

2 **But his delight is in the law of the Lord,**
오직 여호와의 율법을 즐거워하여

But his delight is in the law of the Lord, **and on his law he meditates**
오직 여호와의 율법을 즐거워하여 그의 율법을 묵상하는도다.

But his delight is in the law of the Lord, and on his law he meditates **day and night.**
오직 여호와의 율법을 즐거워하여 그의 율법을 주야로 묵상하는도다.

But his delight is in the law of the Lord, and on his law he meditates day and night.

3 **He is like a tree planted by streams of water,**
그는 시냇가에 심은 나무와 같다.

He is like a tree planted by streams of water, **which yields its fruit in season**
그는 시냇가에 심은 나무가 철을 따라 열매를 맺으며

He is like a tree planted by streams of water, which yields its fruit in season **and whose leaf does not wither.**
그는 시냇가에 심은 나무가 철을 따라 열매를 맺으며 그 잎사귀가 마르지 아니함 같으니

He is like a tree planted by streams of water, which yields its fruit in season and whose leaf does not wither. **Whatever he does prospers.**

그는 시냇가에 심은 나무가 철을 따라 열매를 맺으며 그 잎사귀가 마르지 아니함 같으니 그가 하는 모든 일이 다 형통하리로다.

He is like a tree planted by streams of water, which yields its fruit in season and whose leaf does not wither. Whatever he does prospers.

4 **Not so the wicked!**
악인들은 그렇지 아니함이여

Not so the wicked! **They are like chaff that the wind blows away.**
악인들은 그렇지 아니함이여 오직 바람에 나는 겨와 같도다.

Not so the wicked! They are like chaff that the wind blows away.

5 **Therefore the wicked will not stand in the judgment,**
그러므로 악인들은 심판을 견디지 못하며

Therefore the wicked will not stand in the judgment, **nor sinners in the assembly of the righteous.**
그러므로 악인들은 심판을 견디지 못하며 죄인들이 의인들의 모임에 들지 못하리로다.

Therefore the wicked will not stand in the judgment, nor sinners in the assembly of the righteous.

6 **For the Lord watches over the way of the righteous**,
무릇 의인들의 길은 여호와께서 인정하시나

For the Lord watches over the way of the righteous, **but the way of the wicked will perish.**

무릇 의인들의 길은 여호와께서 인정하시나 악인들의 길은 망하리로다.

For the Lord watches over the way of the righteous, but the way of the wicked will perish.

시편 1편은 두 종류의 사람들의 삶에 대한 시이다. 복 있는 사람 즉 의인의 길과 악인의 길의 대조적인 결말을 노래한다.

"의인들의 길은 여호와께서 인정하시나 악인들의 길은 망하리로다."라는 것으로 결론을 맺는다. 의인은 '여호와의 말씀을 즐거워하고, 그 말씀을 주야로 읊조리는 사람'이라 했다.

어거스틴이나 제롬 등과 같은 고대의 성경 해석학자들은 이 시편 1편은 예수 그리스도의 성품과 그분이 받은 상을 묘사하기 위한 것이라고 했다.

히브리어 원문에 '복'이라는 단어는 복수형 명사 아쉬레이yrva"이다. 이는 모든 축복들이 탈선하지 않은 자의 묶임을 뜻한다.

counsel n.조언, 권고 | mocker n.조롱자 | delight n.기쁨, 즐거움 | meditate v.묵상하다 | stream n.시내, 개울 | yield v.열매를 맺다 | wither v.시들다 | prosper v.번성하다, 성공하다 | chaff n.겨, 짚 | blow v.(바람이)불다 | stand v.견디다 | assembly n.모임, 회중 | judgment n.심판, 판단 | perish v.망하다

8편

주의 이름을 찬양하는 시

이 시는 처음과 끝에 똑같이 온땅에서 주의 이름을 찬양하라고 한다. 그 이유는 하나님이 밤의 별부터 사람까지 천지를 창조하셨기 때문이다. 시의 내용이 창세기 1장에서 주님이 천지를 창조한 것에 대한 인간의 찬양이라고 하여 '창조시'라고도 불린다. '영장으로 깃딧에 맞춘 노래'라는 부제가 붙여진 이 시에서 '깃딧'은 어떤 악기나 리듬을 지칭하는 용어로 추정된다.

1 **O Lord, our Lord, how majestic is your name**
여호와 우리 주여 주의 이름이 어찌 그리 아름다운지요.

O Lord, our Lord, how majestic is your name **in all the earth!**
여호와 우리 주여 주의 이름이 온 땅에 어찌 그리 아름다운지요.

O Lord, our Lord, how majestic is your name in all the earth! **You have set your glory above the heavens.**
여호와 우리 주여 주의 이름이 온 땅에 어찌 그리 아름다운지요. 주의 영광이 하늘을 덮었나이다.

O Lord, our Lord, how majestic is your name in all the earth! You have set your glory above the heavens.

2 **From the lips of children and infants**
어린아이들과 젖먹이들의 입으로

From the lips of children and infants **you have ordained praise**
어린아이들과 젖먹이들의 입으로 권능을 세우심이여

From the lips of children and infants you have ordained praise **because of your enemies,**
주의 대적으로 말미암아 어린아이들과 젖먹이들의 입으로 권능을 세우심이여

From the lips of children and infants you have ordained praise because of your enemies, **to silence the foe and the avenger.**
주의 대적으로 말미암아 어린아이들과 젖먹이들의 입으로 권능을 세우심이여 이는 원수들과 보복자들을 잠잠하게 하려 하심이니이다.

From the lips of children and infants you have ordained praise because of your enemies, to silence the foe and the avenger.

3 **When I consider your heavens,**
주의 하늘을 내가 보오니

When I consider your heavens, **the work of your fingers,**
주의 손가락으로 만드신 주의 하늘을 내가 보오니

When I consider your heavens, the work of your fingers, **the moon and the stars, which you have set in place,**
주의 손가락으로 만드신 주의 하늘과 주의 베풀어 두신 달과 별들을 내가 보오니

When I consider your heavens, the work of your fingers, the moon and the stars, which you have set in place,

4 **what is man that you are mindful of him,**
사람이 무엇이기에 주께서 그를 생각하시며

what is man that you are mindful of him, **the son of man that you care for him?**
사람이 무엇이기에 주께서 그를 생각하시며 인자가 무엇이기에 주께서 그를 돌보시나이까?

what is man that you are mindful of him, the son of man that you care for him?

5 **You made him a little lower than the heavenly beings**
그를 하나님보다 조금 못하게 하시고

You made him a little lower than the heavenly beings **and crowned him with glory and honor.**
그를 하나님보다 조금 못하게 하시고 영화와 존귀로 관을 씌우셨나이다.

You made him a little lower than the heavenly beings and crowned him with glory and honor.

6 **You made him ruler over the works of your hands;**
주의 손으로 만드신 것을 다스리게 하시고

You made him ruler over the works of your hands; **you put everything under his feet:**
주의 손으로 만드신 것을 다스리게 하시고 만물을 그의 발아래 두셨으니

You made him ruler over the works of your hands; you put everything under his feet:

7 **all flocks and herds,**
곧 모든 소와 양과

all flocks and herds, **and the beasts of the field,**
곧 모든 소와 양과 들짐승이며

all flocks and herds, and the beasts of the field,

8 **the birds of the air,**
공중의 새와

the birds of the air, **and the fish of the sea,**
공중의 새와 바다의 물고기와

the birds of the air, and the fish of the sea, **all that swim the paths of the seas.**
공중의 새와 바다의 물고기와 바닷길에 다니는 것이니이다.

the birds of the air, and the fish of the sea, all that swim the paths of the seas.

9 **O Lord, our Lord, how majestic is your name in all the earth!**
여호와 우리 주여, 주의 이름이 온 땅에 어찌 그리 아름다운지요.

O Lord, our Lord, how majestic is your name in all the earth!

Holy Tip

"사람이 무엇이관대 주께서 저를 생각하시며 인자가 무엇이관대 저를 돌보시나이까(4절)."에서 '돌보다'로 번역된 이 단어는 히브리어로 '파카드dqp' 인데 그 의미는 '시중을 들다', '권고하다', '방문하다'라는 뜻을 가지고 있다. 영어 역본 중에서 킹 제임스에는 '방문하다'로, 개정 표준에는 '권고하다'로 번역되었다. 이 단어의 뜻을 살펴볼 때에 하나님이 얼마나 사람을 사랑하시는 지를 우린 알게 된다. 하늘을 만드신 조물주, 그분의 영광은 위대하여 우리로 경탄하며 경배하게 한다. 그 위대하신 하나님께서 사람에게 내려오셔서 사람을 돌보시는 것은 그분이 은혜로우신 분이기 때문이다.

majestic a.장엄한, 위엄 있는 | glory n.영광 | infant n.유아 | ordain v.정하다 | enemy n.적 | silence n.고요, 침묵 | foe n.적 | avenger n.보복자 | crown v.관을 씌우다 | honor n.경의, 명예 | ruler n.통치자 | flock n.떼, 무리 | herd n.떼, 무리 | path n.길

Holy Bible

13편

극한 환란에서 도움을 구하는 기도

이 시는 하나님의 연단을 많이 겪은 하나님의 백성들이 시련 가운데 처했을 때 느끼는 감정을 표현한다. 1, 2절에서 "어느 때까지니이까?"라는 질문이 네 번이나 나타난다. 이것은 마음의 극한 고통과 구원받고자 하는 강한 소망을 나타낸다.

하나님께서는 진실된 성도들에게 시련을 주시되 결코 영원히 떠나지는 않으신다. 성도들이 받는 시련이 고통스럽고 오래 계속될 수는 있어도 그것은 결코 영원한 것이 아니다. 하나님께서 그분의 백성들을 잠시 동안 버린 것처럼 보일지라도 그분은 곧이어 성도들을 회복시키신다. 이때에 누리

는 기쁨은 지난날에 겪었던 슬픔에 비할 바가 아닐 것이다. 우리의 구주가 되시기로 언약을 맺으신 하나님은 우리를 영원히 떠나실 수가 없는 것이다. 이 시를 통해 우리는 고난을 극복하기 위한 인내를 배우게 된다. 5절과 6절에서 우린 그 해답을 발견한다.

"나는 오직 주의 사랑을 의지하였사오니 나의 마음은 주의 구원을 기뻐하리이다. 내가 여호와를 찬송하리니 이는 주께서 내게 은덕을 베푸심이로다."

1 **How long, O Lord?**

여호와여 어느 때까지니이까?

How long, O Lord? **Will you forget me forever?**

여호와여 어느 때까지니이까 나를 영원히 잊으시나이까?

How long, O Lord? Will you forget me forever? **How long will you hide your face from me?**

여호와여 어느 때까지니이까 나를 영원히 잊으시나이까? 주의 얼굴을 어느 때까지 숨기시겠나이까?

How long, O Lord? Will you forget me forever? How long will you hide your face from me?

2 **How long must I wrestle with my thoughts**

내 마음이 번민하기를 어느 때 까지며

How long must I wrestle with my thoughts **and every day have sorrow in my heart?**

내 영혼이 번민하고 종일토록 마음에 근심하기를 어느 때 까지 하오며

How long must I wrestle with my thoughts and every day have sorrow in my heart? **How long will my enemy triumph over me?**
내 영혼이 번민하고 종일토록 마음에 근심하기를 어느 때 까지 하오며 내 원수가 나를 치며 자랑하기를 어느 때 까지 하오리까?

How long must I wrestle with my thoughts and every day have sorrow in my heart? How long will my enemy triumph over me?

3 **Look on me and answer, O Lord my God.**
여호와 내 하나님이여, 나를 생각하사 응답하시고

Look on me and answer, O Lord my God. **Give light to my eyes, or I will sleep in death;**
여호와 내 하나님이여, 나를 생각하사 응답하시고 나의 눈을 밝히소서. 두렵건대 내가 사망의 잠을 잘까 하오며

Look on me and answer, O Lord my God. Give light to my eyes, or I will sleep in death;

4 **my enemy will say, "I have overcome him,"**
두렵건대 나의 원수가 이르기를 내가 그를 이겼다 할까 하오며

my enemy will say, "I have overcome him," **and my foes will rejoices when I fall.**
두렵건대 나의 원수가 이르기를 내가 그를 이겼다 할까 하오며 내가 흔들릴 때에 나의 대적들이 기뻐할까 하나이다.

my enemy will say, "I have overcome him," and my foes will rejoices when I fall.

5 **But I trust in your unfalling love;**
나는 오직 주의 사랑을 의지하였사오니

But I trust in your unfalling love; **my heart rejoices in your salvation.**
나는 오직 주의 사랑을 의지하였사오니 나의 마음은 주의 구원을 기뻐하리이다.

But I trust in your unfalling love; my heart rejoices in your salvation.

6 **I will sing to the Lord,**
내가 여호와를 찬송하리니

I will sing to the Lord, **for he has been good to me.**
내가 여호와를 찬송하리니 이는 주께서 내게 은덕을 베푸심이로다.

I will sing to the Lord, for he has been good to me.

wrestle v.고통(번민)하다 | sorrow n.슬픔, 비애 | triumph v.이기다 | overcome v.이기다 | unfailing a.무한한 | salvation n.구원

15편

주의 장막에 유할 자

성경에서 이 시에 대한 별도의 설명은 없다. 하지만 이 시와 매우 닮은 시 24편과 함께 이 두 편의 시는 언약궤를 예루살렘으로 옮기던 것과 관련하여 지어졌을 가능성이 매우 높다고 사람들은 말한다. 다윗은 처음 언약

궤를 옮기려할 때에 그 일을 하기에 적합하지 않았던 사람들로 인해 큰 시련을 당했기 때문에 그에게 있어 누가 다시 그 언약궤를 옮겨야 하느냐 하는 것은 매우 중요한 문제였을 것이다.

다윗은 언약궤를 옮기는 데 여호와께서 명한 레위족에게 책임을 지게 할 뿐만 아니라(역대상 15:2) 여호와께서 복을 주신 오벧에돔과 여호와의 집에서 섬기는 그의 많은 아들이 이 일을 행하도록 했다.(역대상 26:8-12)

그들은 온 맘과 정성을 다해 그 언약궤를 옮기는 것을 우린 볼 수 있다.

첫 번째 시련을 겪은 날로부터 석 달이 지난 뒤 다윗은 다시 그 하나님의 궤를 자신의 성으로 옮긴다. 같은 실수를 두 번 반복하는 사람은 어리석은 사람이다. 다윗은 수레의 소들 대신 제사장들의 어깨에 하나님의 궤를 메어 자신의 성으로 올라간다.

다윗은 하나님의 궤를 멘 자들이 여섯 걸음을 걸을 때마다 소와 살진 송아지로 여호와께 제사를 드렸다. 오벧에돔의 집에서 다윗 성까지의 그 거리를 걷는 동안 여섯 걸음이 몇 번이나 되었으며 그 때마다 드려진 소와 송아지는 모두 몇 마리나 되었을까?

다윗의 제사는 우리의 상상을 초월하며 여호와를 향한 그의 사랑과 열정은 우리의 생각을 뛰어넘는다. 그뿐만 아니었다. 그는 여호와의 궤로 인해 기뻐서 여호와 앞에서 있는 힘을 다하여 춤을 추었다. 그리고 그는 여호와를 환호하며 백성들과 더불어 소리질렀다. 그는 그의 백성에게 왕이었을 뿐 자신의 하나님 앞에선 어린아이와 같은 순전한 사람이었다.

여기에서 우리는 하나님의 교회와 그 영원하신 하나님의 나라에 거할 사람은 어떠한 사람인가를 알 수 있다. 그분은 일차적으로 온전하신 예수이시며, 또한 그 안에서 은혜로 그분의 형상을 닮아 가는 모든 사람들일 것이다.

1 **Lord, who may dwell in your sanctuary?**
여호와여, 주의 장막에 머무를 자 누구오며

Lord, who may dwell in your sanctuary? **Who may live on your holy hill?**
여호와여, 주의 장막에 머무를 자 누구오며 주의 성산에 사는 자 누구오니이까?

Lord, who may dwell in your sanctuary? Who may live on your holy hill?

2 **He whose walk is blameless**
정직하게 행하며

He whose walk is blameless **and who does what is righteous,**
정직하게 행하며 공의를 실천하며

He whose walk is blameless and who does what is righteous, **who speaks the truth from his heart**

정직하게 행하며 공의를 실천하며 그의 마음에 진실을 말하며

He whose walk is blameless and who does what is righteous, who speaks the truth from his heart

3 **and has no slander on his tongue,**
그의 혀로 남을 허물하지 아니하고

and has no slander on his tongue, **who does his neighbor no wrong**
그의 혀로 남을 허물하지 아니하고 그의 이웃에게 악을 행하지 아니하며

and has no slander on his tongue, who does his neighbor no wrong **and casts no slur on his fellowman,**

그의 혀로 남을 허물하지 아니하고 그의 이웃에게 악을 행하지 아니하며 그의 이웃을 비방하지 아니하며

and has no slander on his tongue, who does his neighbor no wrong and casts no slur on his fellowman,

4 **who despises a vile man**
그의 눈은 망령된 자를 멸시하며

who despises a vile man **but honors those who fear the Lord,**
그의 눈은 망령된 자를 멸시하며 여호와를 두려워하는 자들을 존대하며

who despises a vile man but honors those who fear the Lord, **who keeps his oath even when it hurts,**
그의 눈은 망령된 자를 멸시하며 여호와를 두려워하는 자들을 존대하며 그의 마음에 서원한 것은 해로울지라도 변하지 아니하며

who despises a vile man but honors those who fear the Lord, who keeps his oath even when it hurts,

5 **who lends his money without usury**
이자를 받으려고 돈을 꾸어주지 아니하며

who lends his money without usury **and does not accept a bribe against the innocent.**
이자를 받으려고 돈을 꾸어주지 아니하며 뇌물을 받고 무죄한 자를 해하지 아니하는 자이니

who lends his money without usury and does not accept a bribe against the innocent. **He who does these things will never be shaken.**
이자를 받으려고 돈을 꾸어주지 아니하며 뇌물을 받고 무죄한 자를 해하지 아니하는

자이니 이런 일을 행하는 자는 영원히 흔들리지 아니하리이다.

who lends his money without usury and does not accept a bribe against the innocent. He who does these things will never be shaken.

주의 장막에 머무를 자 누구며 주의 성산에 사는 자는 누구인가? 그리고 어떤 일에도 영원히 흔들리지 아니하는 사람은 누구인가? 15편에 그 열한 가지 조건이 있다.

1. 정직하게 행하며
2. 공의를 실천하며
3. 그의 마음에 진실을 말하며
4. 그의 혀로 남을 허물하지 아니하고
5. 그의 이웃에게 악을 행하지 아니하며
6. 그의 이웃을 비방하지 아니하며
7. 그의 눈은 망령된 자를 멸시하며
8. 여호와를 두려워하는 자들을 존대하며
9. 그의 마음에 서원한 것은 해로울지라도 변하지 아니하며
10. 이자를 받으려고 돈을 꾸어주지 아니하며
11. 뇌물을 받고 무죄한 자를 해하지 아니하는 자이다.

dwell v.거주하다 | sanctuary n.성소 | blameless a.흠 없는 | slander n.욕, v.욕하다 | slur n.욕 | despise v.비방하다 | vile a.타락한 | oath n.맹세 | usury n.고리대금 | bribe n.뇌물, v.매수하다 | innocent a.무죄한

19편

하나님의 완전성을 노래함

이 시편에서 표현하고 있는 장엄한 광경은 저자인 다윗이 목동으로 살며 또한 양들과 함께 자연 속에서 살아가며 묵상한 것을 시로 표현한 것이다. 목자는 찬란한 아침과 해가 높이 뜬 정오, 그리고 해가 지평선을 지나 하늘의 모든 영광을 거두어가는 모습을 표현했다. 이 점에서 이 시는 8편과 대조를 이룬다. 8편은 밤의 시인 것에 반해 이 시는 밝을 때에 한 노래이다. 아마도 이 두 편의 시는 같은 시기에 기록되었을 것이다. 이 두 편의 시는 모두 하나님이 지으신 자연에 관한 찬미 시이다. 다윗의 가슴에 흐르는 시인의 영감과 하나님을 모신 거장의 통찰력이 한 문장 한 구절에 충만하게 넘친다.

1 **The heavens declare the glory of God;**
하늘이 하나님의 영광을 선포하고

The heavens declare the glory of God; **the skies proclaim the work of his hands.**
하늘이 하나님의 영광을 선포하고 궁창이 그의 손으로 하신 일을 나타내는 도다.

The heavens declare the glory of God; the skies proclaim the work of his hands.

2 **Day after day they pour forth speech;**

날은 날에게 말하고

Day after day they pour forth speech; **night after night they display knowledge.**

날은 날에게 말하고 밤은 밤에게 지식을 전하니

Day after day they pour forth speech; night after night they display knowledge.

3 **There is no speech or language**

언어도 없고 말씀도 없으며

There is no speech or language **where their voice is not heard.**

언어도 없고 말씀도 없으며 들리는 소리도 없으나

There is no speech or language where their voice is not heard.

4 **Their voice goes out into all the earth,**

그의 소리가 온 땅에 통하고

Their voice goes out into all the earth, **their words to the ends of the world.**

그의 소리가 온 땅에 통하고 그의 말씀이 세상 끝까지 이르도다.

Their voice goes out into all the earth, their words to the ends of the world. **In the heavens he has pitched a tent for the sun,**

그의 소리가 온 땅에 통하고 그의 말씀이 세상 끝까지 이르도다. 하나님이 해를 위하여 하늘에 장막을 베푸셨도다.

Their voice goes out into all the earth, their words to the ends of the world. In the heavens he has pitched a tent for the sun,

5 **which is like a bridegroom coming forth from his pavilion,**
해는 그의 신방에서 나오는 신랑과 같고

which is like a bridegroom coming forth from his pavilion, **like a champion rejoicing to run his course.**
해는 그의 신방에서 나오는 신랑과 같고 그의 길을 달리기 기뻐하는 장사 같아서

which is like a bridegroom coming forth from his pavilion, like a champion rejoicing to run his course.

6 **It rises at one end of the heavens**
하늘 이 끝에서 나와서

It rises at one end of the heavens **and makes its circuit to the other;**
하늘 이 끝에서 나와서 하늘 저 끝까지 운행함이여

It rises at one end of the heavens and makes its circuit to the other; **nothing is hidden from its heat.**
하늘 이 끝에서 나와서 하늘 저 끝까지 운행함이여 그의 열기에서 피할 자 없도다.

It rises at one end of the heavens and makes its circuit to the other; nothing is hidden from its heat.

7 **The law of the LORD is perfect, reviving the soul.**
여호와의 율법은 완전하여 영혼을 소성시키며

The law of the LORD is perfect, reviving the soul. **The statutes of the LORD are trustworthy, making wise the simple.**
여호와의 율법은 완전하여 영혼을 소성시키며 여호와의 증거는 확실하여 우둔한 자를 지혜롭게 하며

The law of the LORD is perfect, reviving the soul. The statutes of the LORD are trustworthy, making wise the simple.

8 **The precepts of the LORD are right, giving joy to the heart.**
여호와의 교훈은 정직하여 마음을 기쁘게 하고

The precepts of the LORD are right, giving joy to the heart. **The commands of the LORD are radiant, giving light to the eyes.**
여호와의 교훈은 정직하여 마음을 기쁘게 하고 여호와의 계명은 순결하여 눈을 밝게 하시도다.

The precepts of the LORD are right, giving joy to the heart. The commands of the LORD are radiant, giving light to the eyes.

9 **The fear of the LORD is pure, enduring forever.**
여호와를 경외하는 도는 정결하여 영원까지 이르고

The fear of the LORD is pure, enduring forever. **The ordinances of the LORD are sure and altogether righteous.**
여호와를 경외하는 도는 정결하여 영원까지 이르고 여호와의 법도 진실하여 다 의로우니

The fear of the LORD is pure, enduring forever. The ordinances of the LORD are sure and altogether righteous.

10 **They are more precious than gold, than much pure gold;**
금 곧 많은 순금보다 더 사모할 것이며

They are more precious than gold, than much pure gold; **they are sweeter than honey, than honey from the comb.**

금 곧 많은 순금보다 더 사모할 것이며 꿀과 송이꿀 보다 더 달도다.

They are more precious than gold, than much pure gold; they are sweeter than honey, than honey from the comb.

11 **By them is your servant warned;**
또 주의 종이 이것으로 경고를 받고

By them is your servant warned; **in keeping them there is great reward.**
또 주의 종이 이것으로 경고를 받고 이것을 지킴으로 상이 크니이다.

By them is your servant warned; in keeping them there is great reward.

12 **Who can discern his errors?**
자기 허물을 능히 깨달을 자 누구리요?

Who can discern his errors? **Forgive my hidden faults.**
자기의 허물을 능히 깨달을 자 누구리요? 나를 숨은 허물에서 벗어나게 하소서.

Who can discern his errors? Forgive my hidden faults.

13 **Keep your servant also from willful sins;**
또 주의 종에게 고의로 죄를 짓지 말게 하사

Keep your servant also from willful sins; **may they not rule over me.**
또 주의 종에게 고의로 죄를 짓지 말게 하사 그 죄가 나를 주장치 못하게 하소서.

Keep your servant also from willful sins; may they not rule over me.

Then will I be blameless, innocent of great transgression.
또 주의 종에게 고의로 죄를 짓지 말게 하사 그 죄가 나를 주장치 못하게 하소서. 그리하면 내가 정직하여 큰 죄과에서 벗어나겠나이다.

Keep your servant also from willful sins; may they not rule over me. Then will I be blameless, innocent of great transgression.

14 **May the words of my mouth and the meditation of my heart be pleasing in your sight,**
내 입의 말과 마음의 묵상이 주님 앞에 열납되기를 원하나이다.

May the words of my mouth and the meditation of my heart be pleasing in your sight, **O LORD, my Rock and my Redeemer.**
나의 반석이시요 나의 구속자이신 여호와여, 내 입의 말과 마음의 묵상이 주님 앞에 열납되기를 원하나이다.

May the words of my mouth and the meditation of my heart be pleasing in your sight, O LORD, my Rock and my Redeemer.

declare v.선포하다 | proclaim v.선언하다 | pitch v.(텐트 등을)치다 | bridegroom n.신랑 | pavilion n.신방 | circuit n.순회 | statute n.법도 | trustworthy n.확실 | precept n.교훈 | command n.계명 | radiant 순결 | ordinance n.법도 | precious a.귀중한 | comb n.벌집, 빗 | reward n.상 | discern v.깨닫다 | willful a.고집 센, 자기 마음대로 하는 | ransgression n.허물 | meditation n.묵상 | Redeemer n.구속자

23편

목자되신 하나님을 노래함

이 놀랍도록 아름다운 시에다 위대한 설교자 찰스 스펄전은 이토록 아름다운 해설을 했다.

"이 시에는 '다윗의 시'라는 말 외에는 다른 머리말이 없다. 사실 이 시는 특별한 상황에서 기록한 시가 아니기에 특별한 머리말이 필요 없으며, 어떤 상황에서나 있는 그대로 성도들의 마음을 감동시키는 시라고 볼 수 있다. 이 시는 다윗이 영감을 받아 지은 아름다운 시로서 어떤 음악으로도 이 시에 담겨 있는 아름다움을 다 표현할 수 없다. 전쟁의 나팔 소리를 울렸던 자가 평화의 노래를 부르고, 목자로서 재난을 당해 슬피 울던 자가 양 떼의 평안함을 인하여 즐거움으로 노래한다. 독자들은 이 시를 읽으면서 넓게 드리워진 나무 그늘 아래 앉아서 주위의 풍성한 양 떼를 바라보며 기쁜 마음으로 노래하는 목동 다윗의 모습을 그려 볼 수 있을 것이다. 다윗이 노년기에 이 시를 기록했다면 그는 자신이 어린 시절에 다녔던 시냇가를 회상하며 조용히 묵상하는 가운데 기록했을 것이다. 이 시는 시편 중의 진주와도 같다. 그 부드럽고 순수한 빛은 보는 사람들의 눈을 기쁘게 한다. 이 시에는 경건함과 시적 아름다움이 함께 나타나 있고, 그 감미로움과 영성을 따를 만한 다른 시가 없다.

성경에서 이 시가 22편 다음에 자리를 잡고 있다는 것을 주의해서 살펴볼 필요가 있다. 시 22편은 십자가의 시이다. 시 22편에는 푸른 초장도, 잔잔한 시냇가도 없다. 우리는 '내 하나님이여 내 하나님이여 어찌 나를 버리셨나이까.'라는 부르짖음을 읽은 후에야 '여호와는 나의 목자시니'라는 고백을 대하게 된다. 우리는 목자 되신 그분이 당하신 피 흘리는 고통과 그분을 공격하는 칼을 본 후에야 선한 목자께서 우리를 돌보신다는 사실이 얼마나 귀하고 아름다운 것인가를 알게 된다.

이 시를 새에 비유한다면 종달새에 비유할 수 있을 것이다. 종달새는 노래하면서 날아오르고, 날아오르면서 노래하며, 마침내 저 멀리 날아가 눈에 보이지 않을 때에도 그 노래 소리는 끊이지 않는다. 이 시의 마지막 말을 주의해서 살펴보라. '내가 여호와의 집에 영원히 거하리로다.' 이 시는 하늘의 노래이다. 구름 아래 이 땅에서 부르기보다는 하늘의 영원한 집에서 하늘의 곡조로 불러야 할 노래이다. 아! 우리가 이 시를 읽으면서 이 시의 영적 세계에 들어간다면, 하늘나라에서 누릴 삶을 이 땅에서 체험하게 될 것이다."

1 **The LORD is my shepherd,**

여호와는 나의 목자시니

The LORD is my shepherd, **I shall not be in want.**

여호와는 나의 목자시니 내게 부족함이 없으리로다.

The LORD is my shepherd, I shall not be in want.

2 **He makes me lie down in green pastures,**

그가 나를 푸른 풀밭에 누이시며

He makes me lie down in green pastures, **he leads me beside quiet waters,**

그가 나를 푸른 풀밭에 누이시며 쉴만한 물 가로 인도하시는도다.

He makes me lie down in green pastures, he leads me beside quiet waters,

3 **he restores my soul.**
내 영혼을 소생시키시고

he restores my soul. **He guides me in paths of righteousness**
내 영혼을 소생시키시고 의의 길로 인도하시는도다.

he restores my soul. He guides me in paths of righteousness **for his name's sake.**
내 영혼을 소생시키시고 자기 이름을 위하여 의의 길로 인도하시는도다.

he restores my soul. He guides me in paths of righteousness for his name's sake.

4 **Even though I walk through the valley of the shadow of death,**
내가 사망의 음침한 골짜기로 다닐지라도

Even though I walk through the valley of the shadow of death, **I will fear no evil, for you are with me;**
내가 사망의 음침한 골짜기로 다닐지라도 해를 두려워하지 않을 것은 주께서 나와 함께 하심이라.

Even though I walk through the valley of the shadow of death, I will fear no evil, for you are with me; **your rod and your staff, they comfort me.**
내가 사망의 음침한 골짜기로 다닐지라도 해를 두려워하지 않을 것은 주께서 나와 함께 하심이라. 주의 지팡이와 막대기가 나를 안위하시나이다.

Even though I walk through the valley of the shadow of death, I

will fear no evil, for you are with me; your rod and your staff, they comfort me.

5 **You prepare a table before me**
주께서 내게 상을 차려 주시고

You prepare a table before me **in the presence of my enemies.**
주께서 내 원수의 목전에서 내게 상을 차려주시고

You prepare a table before me in the presence of my enemies. **You anoint my head with oil;**
주께서 내 원수의 목전에서 내게 상을 차려주시고 기름을 내 머리에 부으셨으니

You prepare a table before me in the presence of my enemies. You anoint my head with oil; **my cup overflows.**
주께서 내 원수의 목전에서 내게 상을 차려주시고 기름을 내 머리에 부으셨으니 내 잔이 넘치나이다.

You prepare a table before me in the presence of my enemies. You anoint my head with oil; my cup overflows.

6 **Surely goodness and love will follow me**
선하심과 인자하심이 반드시 나를 따르리니

Surely goodness and love will follow me **all the days of my life,**
내 평생에 선하심과 인자하심이 반드시 나를 따르리니

Surely goodness and love will follow me all the days of my life, **and I will dwell in the house of the LORD forever.**
내 평생에 선하심과 인자하심이 반드시 나를 따르리니 내가 여호와의 집에 영원히 살리로다.

Surely goodness and love will follow me all the days of my life, and I will dwell in the house of the LORD forever.

shepherd n.목자 | pasture n.초원 | restore v.회복시키다 | righteousness n.의, 정의 | valley n.골짜기, 계곡 | shadow n.어둠, 그림자 | rod n.막대 staff n.지팡이 | anoint v.기름을 붓다 | overflow v.넘치다

Holy Bible

25편

영광의 왕을 노래함

다윗은 시편 15편과 더불어 오벧에돔의 집에서 언약궤를 메고 시온 산으로 올라갈 때에 부르기 위해 이 시를 지었을 것이다. 시인은 언약궤가 올라가는 것을 영광의 왕이 들어가시는 것이라 표현했다. 그 언약궤는 여호와 하나님을 상징하므로 다윗은 여호와를 자신의 성에 모시는 일에 혼신의 힘을 다했고 온 힘을 다해 그 일을 기뻐했다.

1 **The earth is the LORD's, and everything in it,**
땅과 거기에 충만한 것이 다 여호와의 것이로다.

The earth is the LORD's, and everything in it, **the world, and all who live in it;**
땅과 거기에 충만한 것과 세계와 그 가운데에 사는 자들은 다 여호와의 것이로다.

The earth is the LORD's, and everything in it, the world, and all who live in it;

2 **for he founded it upon the seas**
여호와께서 그 터를 바다위에 세우심이여

for he founded it upon the seas **and established it upon the waters.**
여호와께서 그 터를 바다위에 세우심이여 강들 위에 건설하셨도다.

for he founded it upon the seas and established it upon the waters.

3 **Who may ascend the hill of the LORD**
여호와의 산에 오를 자가 누구며

Who may ascend the hill of the LORD **Who may stand in his holy place?**
여호와의 산에 오를 자가 누구며 그의 거룩한 곳에 설 자가 누구인가

Who may ascend the hill of the LORD Who may stand in his holy place?

4 **He who has clean hands and a pure heart,**
곧 손이 깨끗하며 마음이 청결하며

He who has clean hands and a pure heart, **who does not lift up his soul to an idol**
곧 손이 깨끗하며 마음이 청결하며 뜻을 허탄한데 두지 아니하며

He who has clean hands and a pure heart, who does not lift up his soul to an idol **or swear by what is false.**

곧 손이 깨끗하며 마음이 청결하며 뜻을 허탄한데 두지 아니하며 거짓 맹세하지 않는 자로다.

He who has clean hands and a pure heart, who does not lift up his soul to an idol or swear by what is false.

5 **He will receive blessing from the LORD**
그는 여호와께 복을 받고

He will receive blessing from the LORD **and vindication from God his Savior.**
그는 여호와께 복을 받고 구원의 하나님께 의를 얻으리니

He will receive blessing from the LORD and vindication from God his Savior.

6 **Such is the generation of those who seek him,**
이는 여호와를 찾는 족속이요.

Such is the generation of those who seek him, **who seek your face, O God of Jacob.**
이는 여호와를 찾는 족속이요 야곱의 하나님의 얼굴을 구하는 자로다.

Such is the generation of those who seek him, who seek your face, O God of Jacob.

7 **Lift up your heads, O you gates;**
문들아, 너희 머리를 들지어다.

Lift up your heads, O you gates; **be lifted up, you ancient doors,**
문들아, 너희 머리를 들지어다. 영원한 문들아 들릴지어다.

Lift up your heads, O you gates; be lifted up, you ancient doors, **that the King of glory may come in.**
문들아, 너희 머리를 들지어다. 영원한 문들아 들릴지어다. 영광의 왕이 들어 가시리로다.

Lift up your heads, O you gates; be lifted up, you ancient doors, that the King of glory may come in.

8 **Who is this King of glory?**
영광의 왕이 누구시냐?

Who is this King of glory? **The LORD strong and mighty,**
영광의 왕이 누구시냐 강하고 능한 여호와시요.

Who is this King of glory? The LORD strong and mighty, **the LORD mighty in battle.**
영광의 왕이 누구시냐 강하고 능한 여호와시요. 전쟁에 능한 여호와시로다.

Who is this King of glory? The LORD strong and mighty, the LORD mighty in battle.

9 **Lift up your heads, O you gates; lift them up, you ancient doors,**
문들아 너희 머리를 들지어다. 영원한 문들아 들릴지어다.

Lift up your heads, O you gates; lift them up, you ancient doors, **that the King of glory may come in.**
문들아 너희 머리를 들지어다. 영원한 문들아 들릴지어다. 영광의 왕이 들어 가시리로다.

Lift up your heads, O you gates; lift them up, you ancient doors, that the King of glory may come in.

10 **Who is he, this King of glory?**

영광의 왕이 누구시냐

Who is he, this King of glory? **The LORD Almighty he is the King of glory.**

영광의 왕이 누구시냐 만군의 여호와께서 곧 영광의 왕이시로다.

Who is he, this King of glory? The LORD Almighty he is the King of glory.

establish v.설립하다 | ascend v.오르다 | idol n.우상 | swear v.맹세하다 | false a.옳지 않은 | vindication n.변호, 옹호 | generation n.세대, 족속 | ancient a.옛날의, 고대의 | mighty a.강력한 | battle n.전쟁

Holy Bible

27편

여호와를 바라는 자의 기도

이 시를 지을 때 다윗은 대적들에게 쫓김을 당하고 있었고(2, 3절), 떠나온 성전을 몹시 그리워하고 있었다(4절). 부모와도 함께 있지 않으며(10절), 또한 대적에게 심한 고통을 받고 있었다(12절).

그럼에도 그는 희망을 잃지 않고 유쾌하고도 확신에 찬 노래를 하고 있다. 그는 막심한 고통 속에 있지만 놀라운 확신을 붙들고 있다.

"내가 산 자들의 땅에서 여호와의 선하심을 보게 될 줄 확실히 믿었도다."

그리고 그는 자신을 향해 믿음을 잃지 말 것을 당부한다.

"너는 여호와를 기다릴지어다. 강하고 담대하며 여호와를 기다릴지어다."

이 시에서 만나는 다윗은 곧 우리 자신이며 오늘날의 교회이기도 함을 명심한다면 고난에 처할 때에 우리가 취해야 할 마땅한 태도를 우린 그의 고백에서 배울 수 있다.

1 **The LORD is my light and my salvation-**
여호와는 나의 빛이요 나의 구원이시니

The LORD is my light and my salvation- **whom shall I fear?**
여호와는 나의 빛이요 나의 구원이시니 내가 누구를 두려워 하리요.

The LORD is my light and my salvation- whom shall I fear? **The LORD is the stronghold of my life -**
여호와는 나의 빛이요 나의 구원이시니 내가 누구를 두려워 하리요. 여호와는 내 생명의 능력이시니

The LORD is my light and my salvation- whom shall I fear? The LORD is the stronghold of my life- **of whom shall I be afraid?**
여호와는 나의 빛이요 나의 구원이시니 내가 누구를 두려워 하리요. 여호와는 내 생명의 능력이시니 내가 누구를 무서워 하리요.

The LORD is my light and my salvation whom shall I fear? The LORD is the stronghold of my life of whom shall I be afraid?

2 **When evil men advance against me to devour my flesh,**
악인들이 내 살을 먹으려고 내게로 왔으나

When evil men advance against me to devour my flesh, **when my enemies and my foes attack me, they will stumble and fall.**
악인들이 내 살을 먹으려고 내게로 왔으나 나의 대적들, 나의 원수들인 그들은 실족하여 넘어졌도다.

When evil men advance against me to devour my flesh, when my enemies and my foes attack me, they will stumble and fall.

3 **Though an army besiege me, my heart will not fear;**
군대가 나를 대적하여 진 칠지라도 내 마음이 두렵지 아니하며

Though an army besiege me, my heart will not fear; **though war break out against me, even then will I be confident.**
군대가 나를 대적하여 진 칠지라도 내 마음이 두렵지 아니하며 전쟁이 일어나 나를 치려할지라도 나는 여전히 태연하리로다.

Though an army besiege me, my heart will not fear; though war break out against me, even then will I be confident.

4 **One thing I ask of the LORD, this is what I seek:**
내가 여호와께 바라는 한 가지 일 그것을 구하리니

One thing I ask of the LORD, this is what I seek: **that I may dwell in the house of the LORD all the days of my life,**
내가 여호와께 바라는 한 가지 일 그것을 구하리니 곧 내가 평생에 여호와의 집에 살면서

One thing I ask of the LORD, this is what I seek: that I may dwell in the house of the LORD all the days of my life, **to gaze upon the beauty of the LORD**
내가 여호와께 바라는 한 가지 일 그것을 구하리니 곧 내가 평생에 여호와의 집에 살

면서 여호와의 아름다움을 바라보며

One thing I ask of the LORD, this is what I seek: that I may dwell in the house of the LORD all the days of my life, to gaze upon the beauty of the LORD **and to seek him in his temple.**
내가 여호와께 바라는 한 가지 일 그것을 구하리니 곧 내가 평생에 여호와의 집에 살면서 여호와의 아름다움을 바라보며 그의 성전에서 사모하는 그것이라.

One thing I ask of the LORD, this is what I seek: that I may dwell in the house of the LORD all the days of my life, to gaze upon the beauty of the LORD and to seek him in his temple.

5 **For in the day of trouble he will keep me safe in his dwelling;**
여호와께서 환란 날에 나를 그의 초막 속에 비밀히 지키시고

For in the day of trouble he will keep me safe in his dwelling; **he will hide me in the shelter of his tabernacle**
여호와께서 환란 날에 나를 그의 초막 속에 비밀히 지키시고 그의 장막 은밀한 곳에 나를 숨기시며

For in the day of trouble he will keep me safe in his dwelling; he will hide me in the shelter of his tabernacle **and set me high upon a rock.**
여호와께서 환란 날에 나를 그의 초막 속에 비밀히 지키시고 그의 장막 은밀한 곳에 나를 숨기시며 높은 바위 위에 두시리로다.

For in the day of trouble he will keep me safe in his dwelling; he will hide me in the shelter of his tabernacle and set me high upon a rock.

6 **Then my head will be exalted above the enemies**
이제 내 머리가 내 원수 위에 들리리니

Then my head will be exalted above the enemies **who surround me;**
이제 내 머리가 나를 둘러싼 내 원수 위에 들리리니

Then my head will be exalted above the enemies who surround me; **at his tabernacle will I sacrifice with shouts of joy;**
이제 내 머리가 나를 둘러싼 내 원수 위에 들리리니 내가 그의 장막에서 즐거운 제사를 드리겠고

Then my head will be exalted above the enemies who surround me; at his tabernacle will I sacrifice with shouts of joy; **I will sing and make music to the LORD.**
이제 내 머리가 나를 둘러싼 내 원수 위에 들리리니 내가 그의 장막에서 즐거운 제사를 드리겠고 노래하며 여호와를 찬송하리로다.

Then my head will be exalted above the enemies who surround me; at his tabernacle will I sacrifice with shouts of joy; I will sing and make music to the LORD.

7 **Hear my voice when I call, O LORD;**
여호와여 내가 소리내어 부르짖을 때에 들으시고

Hear my voice when I call, O LORD; **be merciful to me and answer me.**
여호와여 내가 소리내어 부르짖을 때에 들으시고 또한 나를 긍휼히 여기사 응답하소서.

Hear my voice when I call, O LORD; be merciful to me and answer me.

8 **My heart says of you, "Seek his face!"**
너희는 내 얼굴을 찾으라 하실 때에 내가 마음으로 주께 말하되

My heart says of you, "Seek his face!" **Your face, LORD, I will seek.**
너희는 내 얼굴을 찾으라 하실 때에 내가 마음으로 주께 말하되 여호와여 내가 주의 얼굴을 찾으리이다 하였나이다.

My heart says of you, "Seek his face!" Your face, LORD, I will seek.

9 **Do not hide your face from me,**
주의 얼굴을 내게서 숨기지 마시고

Do not hide your face from me, **do not turn your servant away in anger;**
주의 얼굴을 내게서 숨기지 마시고 주의 종을 노하여 버리지 마소서

Do not hide your face from me, do not turn your servant away in anger; **you have been my helper.**
주의 얼굴을 내게서 숨기지 마시고 주의 종을 노하여 버리지 마소서 주는 나의 도움이 되셨나이다.

Do not hide your face from me, do not turn your servant away in anger; you have been my helper. **Do not reject me or forsake me, O God my Savior.**
주의 얼굴을 내게서 숨기지 마시고 주의 종을 노하여 버리지 마소서 주는 나의 도움이 되셨나이다. 나의 구원의 하나님이시여 나를 버리지 마시고 떠나지 마소서.

Do not hide your face from me, do not turn your servant away in anger; you have been my helper. Do not reject me or forsake me, O God my Savior.

10 **Though my father and mother forsake me,**
내 부모는 나를 버렸으나

Though my father and mother forsake me, **the LORD will receive me.**
내 부모는 나를 버렸으나 여호와는 나를 영접하시리이다.

Though my father and mother forsake me, the LORD will receive me.

11 **Teach me your way, O LORD;**
여호와여 주의 도를 내게 가르치시고

Teach me your way, O LORD; **lead me in a straight path because of my oppressors.**
여호와여 주의 도를 내게 가르치시고 내 원수로 인해 평탄한 길로 나를 인도하소서.

Teach me your way, O LORD; lead me in a straight path because of my oppressors.

12 **Do not turn me over to the desire of my foes,**
내 생명을 내 대적에게 맡기지 마소서

Do not turn me over to the desire of my foes, **for false witnesses rise up against me,**
내 생명을 내 대적에게 맡기지 마소서 위증자자가 일어나 나를 치려 함이니이다.

Do not turn me over to the desire of my foes, for false witnesses rise up against me, **breathing out violence.**
내 생명을 내 대적에게 맡기지 마소서 위증자와 악을 토하는 자가 일어나 나를 치려 함이니이다.

Do not turn me over to the desire of my foes, for false witnesses rise up against me, breathing out violence.

13 **I am still confident of this:**
내가 확실히 믿었도다.

I am still confident of this: **I will see the goodness of the LORD**
내가 여호와의 선하심을 보게 될 줄 확실히 믿었도다.

I am still confident of this: I will see the goodness of the LORD **in the land of the living.**
내가 산 자들의 땅에서 여호와의 선하심을 보게 될 줄 확실히 믿었도다.

I am still confident of this: I will see the goodness of the LORD in the land of the living.

14 **Wait for the LORD;**
너는 여호와를 기다릴지어다.

Wait for the LORD; **be strong and take heart and wait for the LORD.**
너는 여호와를 기다릴지어다. 강하고 담대하며 여호와를 기다릴지어다.

Wait for the LORD; be strong and take heart and wait for the LORD.

stronghold n.능력 | advance v.앞으로 나아가다 | devour v.먹다, 탐식하다 | stumble v.실족하다 | besiege v.포위하다 | confident a.침착한, 태연한 | gaze v.응시하다 | shelter n.쉼터 | tabernacle n.(유대교의) 이동 신전, 장막 | surround v.에워싸다 | sacrifice v.제물을 바치다 | merciful a.긍휼히 여기는 | servant n.종 | forsake v.버리다, 흔들다 | witness n.증인 | violence n.맹렬함

30편

하나님의 인도하심을 찬송함

이 시의 머리말은 '다윗의 시, 곧 성전 낙성가'이다. 이는 그가 믿음의 고백으로 불렀던 노래임을 알 수 있다. 왜냐하면 여기서 언급하고자 하는 여호와의 성전을 다윗의 생전에는 결코 보지 못했기 때문이다.

그 성전을 준비하는 것이 다윗의 기쁨이었고, 그는 훗날 오르난의 타작 마당을 구입하여 성전 부지를 마련해 두었다.

그는 아직 그에게 일어나지 않은 일들을 믿음으로 바라보고 앞장 서서 감사와 찬양을 드렸다.

1 **I will exalt you, O LORD,**
여호와여 내가 주를 높일 것은

I will exalt you, O LORD, **for you lifted me out of the depths**
여호와여 내가 주를 높일 것은 주께서 나를 끌어내사

I will exalt you, O LORD, for you lifted me out of the depths **and did not let my enemies gloat over me.**
여호와여 내가 주를 높일 것은 주께서 나를 끌어내사 내 원수로 하여금 나로 말미암아 기뻐하지 못하게 하심이니이다.

I will exalt you, O LORD, for you lifted me out of the depths and did not let my enemies gloat over me.

2 **O LORD my God, I called to you for help**
여호와 내 하나님이여 내가 주께 부르짖으매

O LORD my God, I called to you for help **and you healed me.**
여호와 내 하나님이여 내가 주께 부르짖으매 나를 고치셨나이다.

O LORD my God, I called to you for help and you healed me.

3 **O LORD, you brought me up from the grave;**
여호와여 주께서 내 영혼을 스올에서 끌어내어 나를 살리사

O LORD, you brought me up from the grave; **you spared me from going down into the pit.**
여호와여 주께서 내 영혼을 스올에서 끌어내어 나를 살리사 무덤으로 내려가지 아니하게 하셨나이다.

O LORD, you brought me up from the grave; you spared me from going down into the pit.

4 **Sing to the LORD, you saints of his;**
주의 성도들아 여호와를 찬송하며

Sing to the LORD, you saints of his; **praise his holy name.**
주의 성도들아 여호와를 찬송하며 그의 거룩함을 기억하며 감사하라.

Sing to the LORD, you saints of his; praise his holy name.

5 **For his anger lasts only a moment,**
그의 노염은 잠깐이요

For his anger lasts only a moment, **but his favor lasts a lifetime;**
그의 노염은 잠깐이요 그의 은총은 평생이로다.

For his anger lasts only a moment, but his favor lasts a lifetime; **weeping may remain for a night,**
그의 노염은 잠깐이요 그의 은총은 평생이로다. 저녁에는 울음이 깃들일지라도

For his anger lasts only a moment, but his favor lasts a lifetime; weeping may remain for a night, **but rejoicing comes in the morning.**
그의 노염은 잠깐이요 그의 은총은 평생이로다. 저녁에는 울음이 깃들일지라도 아침에는 기쁨이 오리로다.

For his anger lasts only a moment, but his favor lasts a lifetime; weeping may remain for a night, but rejoicing comes in the morning.

6 **When I felt secure, I said,**
내가 형통할 때에 말하기를

When I felt secure, I said, **"I will never be shaken."**
내가 형통할 때에 말하기를 영원히 흔들리지 아니하리라 하였도다.

When I felt secure, I said, "I will never be shaken."

7 **O LORD, when you favored me,**
여호와여 주의 은혜로

O LORD, when you favored me, **you made my mountain stand firm;**
여호와여 주의 은혜로 나를 산 같이 굳게 세우셨더니

O LORD, when you favored me, you made my mountain stand firm; **but when you hid your face, I was dismayed.**
여호와여 주의 은혜로 나를 산 같이 굳게 세우셨더니 주의 얼굴을 가리시매 내가 근심하였나이다.

O LORD, when you favored me, you made my mountain stand firm; but when you hid your face, I was dismayed.

8 **To you, O LORD, I called;**
여호와여 내가 주께 부르짖고

To you, O LORD, I called; **to the Lord I cried for mercy:**
여호와여 내가 주께 부르짖고 여호와께 간구하기를

To you, O LORD, I called; to the Lord I cried for mercy:

9 **"What gain is there in my destruction,**
나의 피가 무슨 유익이 있으리요

"What gain is there in my destruction, **in my going down into the pit?**
내가 무덤에 내려갈 때에 나의 피가 무슨 유익이 있으리요?

"What gain is there in my destruction, in my going down into the pit? **Will the dust praise you?**
내가 무덤에 내려갈 때에 나의 피가 무슨 유익이 있으리요 진토가 어떻게 주를 찬송하며

"What gain is there in my destruction, in my going down into the pit? Will the dust praise you? **Will it proclaim your faithfulness?**
내가 무덤에 내려갈 때에 나의 피가 무슨 유익이 있으리요 진토가 어떻게 주를 찬송하며 주의 진리를 선포하리이까.

"What gain is there in my destruction, in my going down into the pit? Will the dust praise you? Will it proclaim your faithfulness?

10 **Hear, O LORD, and be merciful to me;**
여호와여 들으시고 내게 은혜를 베푸소서

Hear, O LORD, and be merciful to me; **O LORD, be my help."**
여호와여 들으시고 내게 은혜를 베푸소서 여호와여 나를 돕는자가 되소서.

Hear, O LORD, and be merciful to me; O LORD, be my help."

11 **You turned my wailing into dancing;**
주께서 나의 슬픔이 변하여 내게 춤이 되게 하시며

You turned my wailing into dancing; **you removed my sackcloth**
주께서 나의 슬픔이 변하여 내게 춤이 되게 하시며 나의 베옷을 벗기고

You turned my wailing into dancing; you removed my sackcloth **and clothed me with joy,**
주께서 나의 슬픔이 변하여 내게 춤이 되게 하시며 나의 베옷을 벗기고 기쁨으로 띠 띠우셨나이다.

You turned my wailing into dancing; you removed my sackcloth and clothed me with joy,

12 **that my heart may sing to you**
내 영광으로 주를 찬송하게 하심이니

that my heart may sing to you **and not be silent.**
이는 잠잠하지 아니하고 내 영광으로 주를 찬송하게 하심이니

that my heart may sing to you and not be silent. **O LORD my God, I will give you thanks forever.**

이는 잠잠하지 아니하고 내 영광으로 주를 찬송하게 하심이니 여호와 나의 하나님이여 내가 주께 영원히 감사하리이다.

that my heart may sing to you and not be silent. O LORD my God, I will give you thanks forever.

gloat v.만족히 바라보다 | grave n.무덤 | spare v.자비를 베풀다, 용서하다 | pit n.구멍, 구덩이 | secure a.안전한 | dismay v.당황케 하다 | mercy n.자비 | destruction n.멸망 | sackcloth n.굵은 베

32편

다윗의 교훈시(maskil)

이 시는 로마서 4장 6-8절에서 바울에 의해 인용된 시이기도 하다.

영국의 대 설교가였던 찰스 스펄전은 다음과 같이 설명한다.

"다윗은 자신이 범한 큰 죄에 대한 깊은 회개에 이어 그토록 더없이 복된 평안이 뒤따랐던 까닭에, 이 뛰어난 노래의 부드러운 운율 속에 자신의 영혼을 쏟아 부었다. 역사적 순서로는 이 시편이 시 51편에 이어지는 듯하다. '마스길'은 새로 접하게 되는 머리말이며, 이것이 교훈적이거나 교육적인 시편임을 시사한다. 한 신자의 경험은 다른 이들에게 풍부한 지침을 제공

하며, 회중의 발자취들을 보여 주고, 그리하여 연약한 자를 위로하고 인도해 준다. 의심하는 성도들이 이 시편을 일개인에게만 해당하는 특이한 언급으로 생각하지 않고 하나님의 영으로부터 그들 자신에게 제공된 교훈으로 적용할 수 있도록, 이러한 머리말을 다는 것은 중요한 일이었다."

1 **Blessed is he whose transgressions are forgiven,**
허물의 사함을 받은 자는 복이 있도다.

Blessed is he whose transgressions are forgiven, **whose sins are covered.**
허물의 사함을 받고 자신의 죄가 가려진 자는 복이 있도다.

Blessed is he whose transgressions are forgiven, whose sins are covered.

2 **Blessed is the man whose sin the LORD does not count against him**
여호와께 정죄를 당하지 아니하는 자는 복이 있도다.

Blessed is the man whose sin the LORD does not count against him **and in whose spirit is no deceit.**
마음에 간사함이 없고 여호와께 정죄를 당하지 아니하는 자는 복이 있도다.

Blessed is the man whose sin the LORD does not count against him and in whose spirit is no deceit.

3 **When I kept silent,**
내가 입을 열지 아니할 때에

When I kept silent, **my bones wasted away**
내가 입을 열지 아니할 때에 내 뼈가 쇠하였도다.

When I kept silent, my bones wasted away **through my groaning all day long.**
내가 입을 열지 아니할 때에 종일 신음하므로 내 뼈가 쇠하였도다.

When I kept silent, my bones wasted away through my groaning all day long.

4 **For day and night your hand was heavy upon me:**
주의 손이 주야로 나를 누르시오니

For day and night your hand was heavy upon me: **my strength was sapped**
주의 손이 주야로 나를 누르시오니 내 진액이 빠져서

For day and night your hand was heavy upon me: my strength was sapped **as in the heat of summer. Selah**
주의 손이 주야로 나를 누르시오니 내 진액이 빠져서 여름 가뭄에 마름같이 되었나이다. 셀라

For day and night your hand was heavy upon me: my strength was sapped as in the heat of summer. Selah

5 **Then I acknowledged my sin to you**
내가 주께 내 죄를 아뢰고

Then I acknowledged my sin to you **and did not cover up my iniquity.**
내가 주께 내 죄를 아뢰고 내 죄악을 숨기지 아니하였더니

Then I acknowledged my sin to you and did not cover up my iniquity. **I said, “I will confess my transgressions to the LORD”**
내가 이르기를 내 허물을 여호와께 자복하리라 하고 주께 내 죄를 아뢰고 내 죄악을 숨기지 아니하였더니

Then I acknowledged my sin to you and did not cover up my iniquity. I said, “I will confess my transgressions to the LORD **“and you forgave the guilt of my sin. Selah**
내가 이르기를 내 허물을 여호와께 자복하리라 하고 주께 내 죄를 아뢰고 내 죄악을 숨기지 아니하였더니 곧 주께서 내 죄악을 사하였나이다. 셀라

Then I acknowledged my sin to you and did not cover up my iniquity. I said, “I will confess my transgressions to the LORD “and you forgave the guilt of my sin. Selah

6 **Therefore let everyone who is godly**
이로 말미암아 모든 경건한 자는

Therefore let everyone who is godly **pray to you while you may be found;**
이로 말미암아 모든 경건한 자는 주를 만날 기회를 얻어서 주께 기도할지라.

Therefore let everyone who is godly pray to you while you may be found; **surely when the mighty waters rise,**
이로 말미암아 모든 경건한 자는 주를 만날 기회를 얻어서 주께 기도할지라. 진실로 홍수가 범람할지라도

Therefore let everyone who is godly pray to you while you may be found; surely when the mighty waters rise, **they will not reach him.**
이로 말미암아 모든 경건한 자는 주를 만날 기회를 얻어서 주께 기도할지라. 진실로 홍수가 범람할지라도 그에게 미치지 못하리이다.

Therefore let everyone who is godly pray to you while you may be found; surely when the mighty waters rise, they will not reach him.

7 **You are my hiding place;**
주는 나의 은신처이오니

You are my hiding place; **you will protect me from trouble**
주는 나의 은신처이오니 환란에서 나를 보호하시고

You are my hiding place; you will protect me from trouble **and surround me with songs of deliverance. Selah**
주는 나의 은신처이오니 환란에서 나를 보호하시고 구원의 노래로 나를 두르시리이다. 셀라

You are my hiding place; you will protect me from trouble and surround me with songs of deliverance. Selah

8 **I will instruct you and teach you in the way**
내가 길을 가르쳐 보이고

I will instruct you and teach you in the way **you should go;**
내가 네 갈 길을 가르쳐 보이고

I will instruct you and teach you in the way you should go; **I will counsel you and watch over you.**
내가 네 갈 길을 가르쳐 보이고 너를 주목하여 훈계하리로다.

I will instruct you and teach you in the way you should go; I will counsel you and watch over you.

9 **Do not be like the horse or the mule,**
너희는 말이나 노새 같이 되지 말지어다.

Do not be like the horse or the mule, **which have no understanding**
너희는 무지한 말이나 노새 같이 되지 말지어다.

Do not be like the horse or the mule, which have no understanding **but must be controlled by bit and bridle**
너희는 무지한 말이나 노새 같이 되지 말지어다. 그것들은 재갈과 굴레로 단속하지 아니하면

Do not be like the horse or the mule, which have no understanding but must be controlled by bit and bridle **or they will not come to you.**
너희는 무지한 말이나 노새 같이 되지 말지어다. 그것들은 재갈과 굴레로 단속하지 아니하면 너희에게 가까이 오지 아니하리로다.

Do not be like the horse or the mule, which have no understanding but must be controlled by bit and bridle or they will not come to you.

10 **Many are the woes of the wicked,**
악인에게는 많은 슬픔이 있으나

Many are the woes of the wicked, **but the LORD's unfailing love surrounds**
악인에게는 많은 슬픔이 있으나 여호와의 인자하심이 두르리로다.

Many are the woes of the wicked, but the LORD's unfailing love surrounds **the man who trusts in him.**
악인에게는 많은 슬픔이 있으나 여호와를 신뢰하는 자에게는 인자하심이 두르리로다.

Many are the woes of the wicked, but the LORD's unfailing love surrounds the man who trusts in him.

11 **Rejoice in the LORD and be glad, you righteous;**
너희 의인들아 여호와를 기뻐하며 즐거워할지어다.

Rejoice in the LORD and be glad, you righteous; **sing, all you who are upright in heart!**
너희 의인들아 여호와를 기뻐하며 즐거워할지어다. 마음이 정직한 너희들아 다 즐거이 외칠지어다.

Rejoice in the LORD and be glad, you righteous; sing, all you who are upright in heart!

deceit n.기만, 사기 | groaning n.신음 | sap v.시들게 하다 | iniquity n.부정, 사악 | guilt n.유죄 | protect v.보호하다 | deliverance n.구원, 구조 | instruct v.가르치다 | mule n.노새 | bridle n.굴레 | upright a.정직한 | Shela n.구약 성서의 시편에 나오는 뜻이 분명치 않은 히브리 말;연성延聲 지시 기호로 짐작됨

42편

하나님을 갈망하는 자의 노래

이 시편에는 '고라 자손의 마스길, 인도자를 따라 부르는 노래'라는 머리말이 붙어 있다.

찰스 스펄전의 다음 설명은 독자들에게 이 시를 이해하는데 큰 도움을 준다.

"노래하는 자들 중 정선된 무리인 고라의 자손들은 이 아름다운 시편을 부르는 특권을 얻었다. 그들의 조상인 고라와 그 일당 및 그 자녀들이 범죄로 인해 산 채로 땅에 삼킴을 당했을 때 그들은 살아남은 사람들이다(민수기 26:10-11). 그들은 주권적인 은혜 덕분에 살아남은 자들이었다. 그들이 하나님의 놀라우신 은총으로 말미암아 살아남게 된 이유가 무엇인지 우리는 알지 못한다. 다만 추측할 수 있는 바는, 은총으로 인해 택하심을 받은 후에 그들은 너무도 감격에 겨운 나머지 남은 생애를 하나님의 영광을 위해 바칠 수 있도록 오로지 신성한 음악에만 몰두하였으리라는 것이다. 어쨌든, 그들처럼 구덩이로 떨어지는 상황으로부터 구출받은 우리는 이 시편에 진심으로 공감할 수 있으며, 또한 하나님에 대한 찬양과 그분을 향한 갈망을 표출하는 모든 노래들에 대해 깊은 공감을 표할 수 있다.

비록 다윗이 저자로서 언급되지는 않지만, 이 시편은 그의 손으로 지어진 것임에 분명하다. 그것은 너무도 다윗스러우며, 이새의 아들의 채취를 느끼게 하며, 또한 매 음절마다 다윗의 문체와 경험을 반영하고 있다."

1 **As the deer pants for streams of water,**
하나님이여 사슴이 시냇물을 찾기에 갈급함 같이

As the deer pants for streams of water, **so my soul pants for you, O God.**
하나님이여 사슴이 시냇물을 찾기에 갈급함 같이 내 영혼이 주를 찾기에 갈급하니이다.

As the deer pants for streams of water, so my soul pants for you, O God.

2 **My soul thirsts for God, for the living God.**
내 영혼이 하나님 곧 살아계시는 하나님을 갈망하나니

My soul thirsts for God, for the living God. **When can I go and meet with God?**
내 영혼이 하나님 곧 살아계시는 하나님을 갈망하나니 내가 어느 때에 나아가서 하나님의 얼굴을 뵈올까

My soul thirsts for God, for the living God. When can I go and meet with God?

3 **My tears have been my food day and night,**
내 눈물이 주야로 내 음식이 되었도다.

My tears have been my food day and night, **while men say to me all day long,**
내 눈물이 주야로 내 음식이 되었도다. 사람들이 종일 내게 하는 말이

My tears have been my food day and night, while men say to me all day long,

"Where is your God?"
사람들이 종일 내게 하는 말이 네 하나님이 어디 있느뇨 하니 내 눈물이 주야로 내 음식이 되었도다.

My tears have been my food day and night, while men say to me all day long,
"Where is your God?"

4 **These things I remember as I pour out my soul:**
이제 이일을 기억하고 내 마음이 상하는도다.

These things I remember as I pour out my soul: **how I used to go with the multitude,**
이제 이일을 기억하고 내 마음이 상하는도다. 내가 전에 성일을 지키는 무리와 동행하여

These things I remember as I pour out my soul: how I used to go with the multitude, **leading the procession to the house of God,**
이제 이일을 기억하고 내 마음이 상하는도다. 내가 전에 성일을 지키는 무리와 동행하여 그들을 하나님의 집으로 인도하였더니

These things I remember as I pour out my soul: how I used to go with the multitude, leading the procession to the house of God, **with shouts of joy and thanksgiving among the festive throng.**
내가 전에 성일을 지키는 무리와 동행하여 기쁨과 감사의 소리를 내며 그들을 하나님의 집으로 인도하였더니 이제 이일을 기억하고 내 마음이 상하는도다.

These things I remember as I pour out my soul: how I used to go with the multitude, leading the procession to the house of God, with shouts of joy and thanksgiving among the festive throng.

5 **Why are you downcast, O my soul?**
내 영혼아 네가 어찌하여 낙심하며

Why are you downcast, O my soul? **Why so disturbed within me?**
내 영혼아 네가 어찌하여 낙심하며 어찌하여 내 속에서 불안해 하는가

Why are you downcast, O my soul? Why so disturbed within me? **Put your hope in God,**
내 영혼아 네가 어찌하여 낙심하며 어찌하여 내 속에서 불안해 하는가 너는 하나님께 소망을 두라

Why are you downcast, O my soul? Why so disturbed within me? Put your hope in God, **for I will yet praise him, my Savior and**
내 영혼아 네가 어찌하여 낙심하며 어찌하여 내 속에서 불안해 하는가 너는 하나님께 소망을 두라 그가 나타나 도우심으로 말미암아 내가 여전히 찬송하리로다.

Why are you downcast, O my soul? Why so disturbed within me? Put your hope in God, for I will yet praise him, my Savior and

6 **my God. My soul is downcast within me;**
내 하나님이여 내 영혼이 내 속에서 낙심되므로

my Savior and my God. My soul is downcast within me; **therefore I will remember you**
내 하나님이여 내 영혼이 내 속에서 낙심되므로 내가 주를 기억하나이다.

my Savior and my God. My soul is downcast within me; therefore I will remember you **from the land of the Jordan, the heights of Hermon - from Mount Mizar.**
내 하나님이여 내 영혼이 내 속에서 낙심되므로 내가 요단땅과 헤르몬과 미살산에서 주를 기억하나이다.

my Savior and my God. My soul is downcast within me; therefore I will remember you from the land of the Jordan, the heights of Hermon -from Mount Mizar.

7 **Deep calls to deep in the roar of your waterfalls;**
주의 폭포 소리에 깊은 바다가 서로 부르며

Deep calls to deep in the roar of your waterfalls; **all your waves and breakers have swept over me.**
주의 폭포 소리에 깊은 바다가 서로 부르며 주의 모든 파도와 물결이 나를 휩쓸었나이다.

Deep calls to deep in the roar of your waterfalls; all your waves and breakers have swept over me.

8 **By day the LORD directs his love,**
낮에는 여호와께서 그의 인자하심을 베푸시고

By day the LORD directs his love, **at night his song is with me**
낮에는 여호와께서 그의 인자하심을 베푸시고 밤에는 그의 찬송이 내게 있어

By day the LORD directs his love, at night his song is with me **a prayer to the God of my life.**
낮에는 여호와께서 그의 인자하심을 베푸시고 밤에는 그의 찬송이 내게 있어 생명의 하나님께 기도 하리이다.

By day the LORD directs his love, at night his song is with me a prayer to the God of my life.

9 **I say to God my Rock,**

내 반석이신 하나님께 말하기를

I say to God my Rock, **"Why have you forgotten me?**
내 반석이신 하나님께 말하기를 어찌하여 나를 잊으셨나이까

I say to God my Rock, "Why have you forgotten me? **Why must I go about mourning,**
내 반석이신 하나님께 말하기를 어찌하여 나를 잊으셨나이까 내가 어찌하여 슬프게 다니나이까 하리로다.

I say to God my Rock, "Why have you forgotten me? Why must I go about mourning, **oppressed by the enemy?"**
내 반석이신 하나님께 말하기를 어찌하여 나를 잊으셨나이까 내가 어찌하여 원수의 압제로 말미암아 슬프게 다니나이까 하리로다.

I say to God my Rock, "Why have you forgotten me? Why must I go about mourning, oppressed by the enemy?"

10 **My bones suffer mortal agony as my foes taunt me,**
내 뼈를 찌르는 칼같이 내 대적이 나를 비방하여

My bones suffer mortal agony as my foes taunt me, **saying to me all day long,**
내 뼈를 찌르는 칼같이 내 대적이 나를 비방하여 늘 내게 말하기를

My bones suffer mortal agony as my foes taunt me, saying to me all day long,
"Where is your God?"
내 뼈를 찌르는 칼같이 내 대적이 나를 비방하여 늘 내게 말하기를 네 하나님이 어디 있느냐 하도다.

My bones suffer mortal agony as my foes taunt me, saying to

me all day long,
"Where is your God?"

11 **Why are you downcast, O my soul?**
내 영혼아 네가 어찌하여 낙심하며

Why are you downcast, O my soul? **Why so disturbed within me?**
내 영혼아 네가 어찌하여 낙심하며 어찌하여 내 속에서 불안해 하는가

Why are you downcast, O my soul? Why so disturbed within me? **Put your hope in God,**
내 영혼아 네가 어찌하여 낙심하며 어찌하여 내 속에서 불안해 하는가 너는 하나님께 소망을 두라

Why are you downcast, O my soul? Why so disturbed within me? Put your hope in God, **for I will yet praise him, my Savior and my God.**
내 영혼아 네가 어찌하여 낙심하며 어찌하여 내 속에서 불안해 하는가 너는 하나님께 소망을 두라 나는 그가 나타나 도우심으로 말미암아 내 하나님을 여전히 찬송하리로다.

Why are you downcast, O my soul? Why so disturbed within me? Put your hope in God, for I will yet praise him, my Savior and my God.

deer n.사슴 | pant v.갈망하다 | multitude n.무리 | procession n.행렬, 행진 | festive a.축제의 | throng n.군중, 인파 | downcast n.의기소침, 풀이 죽음 | roar v.으르렁거리다, 울부짖다 n.포효, 울부짖음 | waterfall n.폭포 | oppress v.압제하다 | mortal a.치명적인, 지독한 | agony n.고민, 고통 | taunt v.비웃다

51편

다윗의 참회시

이 시에는 '다윗의 참회시, 영장으로 한 노래, 다윗이 밧세바와 동침한 후 선지자 나단이 저에게 온 때에'라는 부제가 붙어 있다.

영장으로 한 노래 즉 인도자를 따라부르는 노래라는 부제에서 볼 수 있듯이 이 노래는 개인적인 묵상만을 위한 것이 아니라 공적인 예배를 위해 기록된 것이다. 사적인 회개에 관한 주제를 담고 있지만 이 시는 공적인 예배를 드리는 구원받은 죄인들을 놀라운 삶으로 회복케 하는 탁월한 노래이기도 하다.

나는 다시 시편 강해에 탁월했던 설교자 스펄전의 가르침을 소개한다.

"다윗이 밧세바와 동침한 후 선지자 나단이 저에게 온 때에 하나님의 메시지를 듣고서 잠자던 양심이 깨어나 자기 죄악의 심각성을 깨달았을 때, 다윗은 이 시편을 썼다. 그가 육신에 탐닉하고 있는 동안에는 찬송을 잊어버렸지만, 자신의 영성이 깨어나자 그는 다시 수금을 들었으며, 눈물과 한숨을 동반한 감격적인 찬양을 드렸다. 다윗의 대죄는 변명의 여지가 없는 것이었다. 하지만 우리는, 그의 경우가 예외적인 특성을 지닌 것이었음을 기억할 필요가 있다. 그는 강한 열정의 소유자였고 군인이었으며 또한 전제적인 권한을 지닌 동양의 군주였다. 당시의 다른 어떤 왕도 다윗처럼 행했다고 해서 양심의 가책을 느끼지는 않았을 것이다. 따라서 당시의 주변 분위기를 볼 것 같으면, 다윗에 대해 관습의 제재가 적용되지는 않는 상황이었고, 그가 어떤 관계를 깨트렸다고 해서 범죄자로 내몰리지도 않을 상황이었다. 본문에서 그는 어떤 형태로든 정상 참작을 암시하지 않으며, 우리 역시 그의 죄를 변호하기 위해 이 사실을 언급하는 것이 아니다. 그의 죄는 참으로 혐오스럽기 짝이 없는 것이었다. 다만 우리는 다른 이들에 대한 경고를 위해 이를 언급하고 있을 뿐이다. 만일 오늘날 어떤 사람이 한때 이스라엘의 왕 다윗이 빠졌던 것처럼 방탕한 삶을 살아가고 있다면, 그는 자신의 죄가 다윗의 그것보다 훨씬 더 심각하다는 점을 깨달아야 한다. 다윗의 죄를 기억할 때, 우리는 그가 어떻게 회개했는지를 곰곰이 생각해 보아야 할 것이다. 또한 우리는, 범죄 이후의 그의 생애를 그토록 음울하게 얼룩지게 했던 일련의 기나긴 징벌 과정에 주목해야 할 것이다."

1 **Have mercy on me, O God,**
하나님이여 내게 은혜를 베푸시며

Have mercy on me, O God, **according to your unfailing love;**
하나님이여 주의 인자를 따라 내게 은혜를 베푸시며

Have mercy on me, O God, according to your unfailing love; **according to your great compassion**
하나님이여 주의 인자를 따라 내게 은혜를 베푸시며 주의 많은 긍휼을 따라

Have mercy on me, O God, according to your unfailing love; according to your great compassion **blot out my transgressions.**
하나님이여 주의 인자를 따라 내게 은혜를 베푸시며 주의 많은 긍휼을 따라 내 죄악을 지워 주소서.

Have mercy on me, O God, according to your unfailing love; according to your great compassion blot out my transgressions.

2 **Wash away all my iniquity**

나의 죄악을 말갛게 씻기시며

Wash away all my iniquity **and cleanse me from my sin.**

나의 죄악을 말갛게 씻기시며 나의 죄를 깨끗이 제하소서.

Wash away all my iniquity and cleanse me from my sin.

3 **For I know my transgressions,**

무릇 나는 내 죄과를 아오니

For I know my transgressions, **and my sin is always before me.**

무릇 나는 내 죄과를 아오니 내 죄가 항상 내 앞에 있나이다.

For I know my transgressions, and my sin is always before me.

4 **Against you, you only, have I sinned**

내가 주께만 범죄하여

Against you, you only, have I sinned **and done what is evil in your sight,**

내가 주께만 범죄하여 주의 목전에 악을 행하였사오니

Against you, you only, have I sinned and done what is evil in your sight, **so that you are proved right when you speak**

내가 주께만 범죄하여 주의 목전에 악을 행하였사오니 주께서 말씀하실때에 의로우시다 하고

Against you, you only, have I sinned and done what is evil in your sight, so that you are proved right when you speak **and justified when you judge.**

내가 주께만 범죄하여 주의 목전에 악을 행하였사오니 주께서 말씀하실때에 의로우시다 하고 주께서 심판하실 때에 순전하시다 하리이다.

Against you, you only, have I sinned and done what is evil in your sight, so that you are proved right when you speak and justified when you judge.

5 **Surely I was sinful at birth,**
내가 죄악 중에서 출생하였음이여

Surely I was sinful at birth, **sinful from the time my mother conceived me.**
내가 죄악 중에서 출생하였음이여 어머니가 죄 중에서 나를 잉태하였나이다.

Surely I was sinful at birth, sinful from the time my mother conceived me.

6 **Surely you desire truth in the inner parts;**
보소서 주께서는 중심이 진실함을 원하시오니

Surely you desire truth in the inner parts; **you teach me wisdom**
보소서 주께서는 중심이 진실함을 원하시오니 내게 지혜를 가르치시리이다.

Surely you desire truth in the inner parts; you teach me wisdom **in the inmost place.**
보소서 주께서는 중심이 진실함을 원하시오니 내게 지혜를 은밀히 가르치시리이다.

Surely you desire truth in the inner parts; you teach me wisdom in the inmost place.

7 **Cleanse me with hyssop,**
우슬초로 나를 정결하게 하소서

Cleanse me with hyssop, **and I will be clean;**
우슬초로 나를 정결하게 하소서 내가 정하리이다.

Cleanse me with hyssop, and I will be clean; **wash me, and I will be whiter than snow.**
우슬초로 나를 정결하게 하소서 내가 정하리이다. 나의 죄를 씻어 주소서 내가 눈보다 희리이다.

Cleanse me with hyssop, and I will be clean; wash me, and I will be whiter than snow.

8 **Let me hear joy and gladness;**
내게 즐겁고 기쁜 소리를 들려 주시사

Let me hear joy and gladness; **let the bones you have crushed rejoice.**
내게 즐겁고 기쁜 소리를 들려 주시사 주께서 꺾으신 뼈들도 즐거워하게 하소서.

Let me hear joy and gladness; let the bones you have crushed rejoice.

9 **Hide your face from my sins**
주의 얼굴을 내 죄에서 돌이키시고

Hide your face from my sins **and blot out all my iniquity.**
주의 얼굴을 내 죄에서 돌이키시고 내 모든 죄악을 지워 주소서.

Hide your face from my sins and blot out all my iniquity.

10 **Create in me a pure heart,**
하나님이여 내 속에 정한 마음을 창조하시고

Create in me a pure heart, **O God, and renew a steadfast spirit within me.**
하나님이여 내 속에 정한 마음을 창조하시고 내 안에 정직한 영을 새롭게 하소서.

Create in me a pure heart, O God, and renew a steadfast spirit within me.

11 **Do not cast me from your presence**
나를 주 앞에서 쫓아내지 마시며

Do not cast me from your presence **or take your Holy Spirit from me.**
나를 주 앞에서 쫓아내지 마시며 주의 성령을 내게서 거두지 마소서.

Do not cast me from your presence or take your Holy Spirit from me.

12 **Restore to me the joy of your salvation**
주의 구원의 즐거움을 내게 회복시켜 주시고

Restore to me the joy of your salvation **and grant me a willing spirit,**
주의 구원의 즐거움을 내게 회복시켜 주시고 자원하는 심령을 주사

Restore to me the joy of your salvation and grant me a willing spirit, **to sustain me.**
주의 구원의 즐거움을 내게 회복시켜 주시고 자원하는 심령을 주사 나를 붙드소서.

Restore to me the joy of your salvation and grant me a willing spirit, to sustain me.

13 **Then I will teach transgressors your ways,**
그리하면 내가 범죄자에게 주의 도를 가르치리니

Then I will teach transgressors your ways, **and sinners will turn back to you.**
그리하면 내가 범죄자에게 주의 도를 가르치리니 죄인들이 주께 돌아오리이다.

Then I will teach transgressors your ways, and sinners will turn back to you.

14 **Save me from bloodguilt, O God,**
하나님이여 피 흘린 죄에서

Save me from bloodguilt, O God, **the God who saves me,**
하나님이여 나의 구원의 하나님이여 피 흘린 죄에서 나를 건지소서.

Save me from bloodguilt, O God, the God who saves me, **and my tongue will sing of your righteousness.**
하나님이여 나의 구원의 하나님이여 피 흘린 죄에서 나를 건지소서. 내 혀가 주의 의를 높이 노래하리이다.

Save me from bloodguilt, O God, the God who saves me, and my tongue will sing of your righteousness.

15 **O Lord, open my lips,**
주여 내 입술을 열어 주소서

O Lord, open my lips, **and my mouth will declare your praise.**
주여 내 입술을 열어 주소서 내 입이 주를 찬송하여 전파하리이다.

O Lord, open my lips, and my mouth will declare your praise.

16 **You do not delight in sacrifice,**
주께서는 제사를 기뻐하지 아니하시나니

You do not delight in sacrifice, **or I would bring it;**
주께서는 제사를 기뻐하지 아니하시나니 그렇지 아니하면 내가 드렸을 것이라.

You do not delight in sacrifice, or I would bring it; **you do not take pleasure in burnt offerings.**
주께서는 제사를 기뻐하지 아니하시나니 그렇지 아니하면 내가 드렸을 것이라. 주는 번제를 기뻐하지 아니하시나이다.

You do not delight in sacrifice, or I would bring it; you do not take pleasure in burnt offerings.

17 **The sacrifices of God are a broken spirit;**
하나님께서 구하시는 제사는 상한 심령이라

The sacrifices of God are a broken spirit; **a broken and contrite heart, O God. you will not despise.**
하나님께서 구하시는 제사는 상한 심령이라 하나님이여 상하고 통회하는 마음을 주께서 멸시하지 아니하시리이다.

The sacrifices of God are a broken spirit; a broken and contrite heart, O God. you will not despise.

18 **In your good pleasure make Zion prosper;**
주의 은택으로 시온에 선을 행하시고

In your good pleasure make Zion prosper; **build up the walls of Jerusalem.**
주의 은택으로 시온에 선을 행하시고 예루살렘 성을 쌓으소서.

In your good pleasure make Zion prosper; build up the walls of Jerusalem.

19 **Then there will be righteous sacrifices,**
그 때에 주께서 의로운 제사와

Then there will be righteous sacrifices, **whole burnt offerings to delight you;**
그 때에 주께서 의로운 제사와 번제와 온전한 번제를 기뻐하시리니

Then there will be righteous sacrifices, whole burnt offerings to delight you; **then bulls will be offered on your altar.**
그 때에 주께서 의로운 제사와 번제와 온전한 번제를 기뻐하시리니 그 때에 그들이 수소를 주의 제단에 드리리이다.

Then there will be righteous sacrifices, whole burnt offerings to delight you; then bulls will be offered on your altar.

compassion n.동정, 연민 | blot out 가리다 | justify v.정당화하다 | judge v.심판하다 | conceive v.임신하다 | hyssop n.우슬초 | gladness n.기쁨 | steadfast a.확고한 | sustain v.떠받치다 | bloodguilt n.피를 흘리게 한 죄, 살인죄 | burnt offering 번제 | contrite a.뉘우치는 | bull n.수소

63편

주를 앙모하는 자의 노래

이 시의 부제 '유다 광야에 있을 때에'에서 알 수 있듯이 왕이었던 다윗은 그의 아들 압살롬과 그를 돕는 사람들을 피해 도망하는 중에 이 시를 적었을 것이다. 그는 아들의 반역을 피해 광야에 숨어있었지만 하나님을 향한 그의 예배는 멈추지 않았다. 그는 주의 성전을 사모하는 마음으로 외로운 광야에서도 노래를 불렀다. 그는 침상에서 주를 기억하며 새벽에 주의 말씀을 작은 소리로 읊조리며 그분을 찬양했다.

1 **O God, you are my God,**
하나님이여 주는 나의 하나님이시라

O God, you are my God, **earnestly I seek you; my soul thirsts for you,**
하나님이여 주는 나의 하나님이시라 내가 간절히 주를 찾되 내 영혼이 주를 갈망하며

O God, you are my God, earnestly I seek you; my soul thirsts for you, **my body longs for you,**
하나님이여 주는 나의 하나님이시라 내가 간절히 주를 찾되 내 영혼이 주를 갈망하며 내 육체가 주를 앙모하나이다.

O God, you are my God, earnestly I seek you; my soul thirsts for you, my body longs for you, **in a dry and weary land where there is no water.**
하나님이여 주는 나의 하나님이시라 내가 간절히 주를 찾되 물이 없어 마르고 황폐

한 땅에서 내 영혼이 주를 갈망하며 내 육체가 주를 앙모하나이다.

O God, you are my God, earnestly I seek you; my soul thirsts for you, my body longs for you, in a dry and weary land where there is no water.

2 **I have seen you in the sanctuary**
내가 성소에서 주를 바라보았나이다.

I have seen you in the sanctuary **and beheld your power and your glory.**
내가 주의 권능과 영광을 보기 위하여 이와 같이 성소에서 주를 바라보았나이다.

I have seen you in the sanctuary and beheld your power and your glory.

3 **Because your love is better than life,**
주의 인자하심이 생명보다 나으므로

Because your love is better than life, **my lips will glorify you.**
주의 인자하심이 생명보다 나으므로 내 입술이 주를 찬양할 것이라.

Because your love is better than life, my lips will glorify you.

4 **I will praise you as long as I live,**
이러므로 나의 평생에 주를 송축하며

I will praise you as long as I live, **and in your name I will lift up my hands.**
이러므로 나의 평생에 주를 송축하며 주의 이름으로 말미암아 나의 손을 들리이다.

I will praise you as long as I live, and in your name I will lift up my hands.

5 **My soul will be satisfied**
나의 영혼이 만족할 것이라

My soul will be satisfied **as with the richest of foods;**
골수와 기름진 것을 먹음과 같이 나의 영혼이 만족할 것이라

My soul will be satisfied as with the richest of foods; **with singing lips my mouth will praise you.**
골수와 기름진 것을 먹음과 같이 나의 영혼이 만족할 것이라 나의 입이 기쁜 입술로 주를 찬송하되

My soul will be satisfied as with the richest of foods; with singing lips my mouth will praise you.

6 **On my bed I remember you;**
내가 나의 침상에서 주를 기억하며

On my bed I remember you; **I think of you through the watches of the night.**
내가 나의 침상에서 주를 기억하며 새벽에 주의 말씀을 작은 소리로 읊조릴 때에 하오리니

On my bed I remember you; I think of you through the watches of the night.

7 **Because you are my help,**
주는 나의 도움이 되셨음이라

Because you are my help, **I sing in the shadow of your wings.**
주는 나의 도움이 되셨음이라 내가 주의 날개 그늘에서 즐겁게 부르리이다.

Because you are my help, I sing in the shadow of your wings.

8 **My soul clings to you;**
나의 영혼이 주를 가까이 따르니

My soul clings to you; **your right hand upholds me.**
나의 영혼이 주를 가까이 따르니 주의 오른손이 나를 붙드시거니와

My soul clings to you; your right hand upholds me.

9 **They who seek my life will be destroyed;**
나의 영혼을 찾아 멸하려 하는 그들은

They who seek my life will be destroyed; **they will go down to the depths of the earth.**
나의 영혼을 찾아 멸하려 하는 그들은 땅 깊은 곳에 들어가며

They who seek my life will be destroyed; they will go down to the depths of the earth.

10 **They will be given over to the sword**
칼의 세력에 넘겨져

They will be given over to the sword **and become food for jackals.**
칼의 세력에 넘겨져 승냥이의 먹이가 되리이다.

They will be given over to the sword and become food for jackals.

11 **But the king will rejoice in God;**
왕은 하나님을 즐거워하리니

But the king will rejoice in God; **all who swear by God's name will praise him,**
왕은 하나님을 즐거워하리니 주께 맹세한 자마다 자랑할 것이나

But the king will rejoice in God; all who swear by God's name will praise him, **while the mouths of liars will be silenced.**
왕은 하나님을 즐거워하리니 주께 맹세한 자마다 자랑할 것이나 거짓말하는 자의 입은 막히리로다.

But the king will rejoice in God; all who swear by God's name will praise him, while the mouths of liars will be silenced.

earnestly ad.간절히 | weary a.지친 | glorify v.영화롭게 하다 | shadow n.그늘 | cling v.꼭 붙들다 | uphold v.붙들다 | destroy v.멸하다 | depth n.깊이 | sword n.칼 | jackal n.자칼, 승냥이

Holy Bible

67편

모든 열방이 하나님을 찬송함

이 시는 현악에 맞춘 노래로 여러 현악기와 함께 연주했을 것이다. 저자가 누구인지는 기록되지 않았지만 많은 학자들은 이것이 다윗의 시라고 여

긴다. 오래전의 주석가들은 이 시를 '구약의 주기도문'이라고 불렀다. 그 이유는 이 시의 구조 때문인 듯하다.

1 **May God be gracious to us and bless us**
하나님은 우리에게 은혜를 베푸사 복을 주시고

May God be gracious to us and bless us **and make his face shine upon us, Selah**
하나님은 우리에게 은혜를 베푸사 복을 주시고 그의 얼굴빛을 우리에게 비추사, 셀라

May God be gracious to us and bless us and make his face shine upon us, Selah

2 **that your ways may be known on earth,**
주의 도를 땅위에 알리소서

that your ways may be known on earth, **your salvation among all nations.**
주의 도를 땅위에, 주의 구원을 모든 나라에게 알리소서

that your ways may be known on earth, your salvation among all nations.

3 **May the peoples praise you, O God:**
하나님이여 민족들이 주를 찬송하게 하시며

May the peoples praise you, O God; **may all the peoples praise you.**

하나님이여 민족들이 주를 찬송하게 하시며 모든 민족들이 주를 찬송하게 하소서.

May the peoples praise you, O God; may all the peoples praise you.

4 **May the nations be glad and sing for joy,**
온 백성은 기쁘고 즐겁게 노래할지니

May the nations be glad and sing for joy, **for you rule the peoples justly**
온 백성은 기쁘고 즐겁게 노래할지니 주는 민족들을 공평히 심판하시며

May the nations be glad and sing for joy, for you rule the peoples justly **and guide the nations of the earth. Selah**
온 백성은 기쁘고 즐겁게 노래할지니 주는 민족들을 공평히 심판하시며 땅위의 나라들을 다스리실 것임이니이다. 셀라

May the nations be glad and sing for joy, for you rule the peoples justly and guide the nations of the earth. Selah

5 **May the peoples praise you, O God;**
하나님이여 민족들이 주를 찬송하게 하시며

May the peoples praise you, O God; **may all the peoples praise you.**
하나님이여 민족들이 주를 찬송하게 하시며 모든 민족으로 주를 찬송하게 하소서.

May the peoples praise you, O God; may all the peoples praise you.

6 **Then the land will yield its harvest,**
땅이 그의 소산을 내어 주었으니

Then the land will yield its harvest, **and God, our God, will bless us.**
땅이 그의 소산을 내어 주었으니 하나님 곧 우리 하나님이 우리에게 복을 주시리로다.

Then the land will yield its harvest, and God, our God, will bless us.

7 **God will bless us,**
하나님이 우리에게 복을 주시리니

God will bless us, **and all the ends of the earth will fear him.**
하나님이 우리에게 복을 주시리니 땅의 모든 끝이 하나님을 경외하리로다.

God will bless us, and all the ends of the earth will fear him.

gracious a.은혜로운 | shine v.비추다 | yield v.낳다,가져오다 | bless v.축복하다

70편

가난하고 궁핍한 자의 기도

'기념식에서 인도자를 따라 부르는 노래'라는 부제가 달린 이 시는 시편 40편의 일부를 반복한 것이다. 다윗은 하나님께 기도하며 하나님께서 그를

잊지 마실 것을 간구한다. 이 시의 앞과 뒤에는 간구하는 기도시가 나온다. 이 시편 70편은 시편 69편과 71편의 교량 역할을 하는 시로서 이 세 편의 시는 함께 아름다운 조화를 이룬다.

프랑케Francke는 이 시가 그리스도의 부활과 승천 후에 있었던 교회의 상태를 묘사하며, 당시 신앙을 지켰던 충성스러운 사람들이 이 시를 자신들의 고백으로 삼았다고 말한다.

1 **Hasten, O God, to save me;**
하나님이여 나를 건지소서

Hasten, O God, to save me; **O LORD, come quickly to help me.**
하나님이여 나를 건지소서 여호와여 속히 나를 도우소서.

Hasten, O God, to save me; O LORD, come quickly to help me.

2 **May those who seek my life be put to shame and confusion;**
나의 영혼을 찾는 자들이 수치와 무안을 당하게 하시며

May those who seek my life be put to shame and confusion; **may all who desire my ruin be turned back in disgrace.**
나의 영혼을 찾는 자들이 수치와 무안을 당하게 하시며 나의 상함을 기뻐하는 자들이 뒤로 물러가 수모를 당하게 하소서.

May those who seek my life be put to shame and confusion; may all who desire my ruin be turned back in disgrace.

3 **May those who say to me, "Aha! Aha!" turn back**
아하, 아하 하는 자들이 뒤로 물러가게 하소서.

May those who say to me, "Aha! Aha!" turn back **because of their shame.**
아하, 아하 하는 자들이 자기 수치로 인하여 뒤로 물러가게 하소서.

May those who say to me, "Aha! Aha!" turn back because of their shame.

4 **But may all who seek you rejoice and be glad in you;**
주를 찾는 모든 자들이 주로 말미암아 기뻐하고 즐거워하게 하시며

But may all who seek you rejoice and be glad in you; **may those who love your salvation**
주를 찾는 모든 자들이 주로 말미암아 기뻐하고 즐거워하게 하시며 주의 구원을 사랑하는 자들이

But may all who seek you rejoice and be glad in you; may those who love your salvation **always say, "Let God be exalted!"**
주를 찾는 모든 자들이 주로 말미암아 기뻐하고 즐거워하게 하시며 주의 구원을 사랑하는 자들이 항상 말하기를 하나님은 위대하시다 하게 하소서.

But may all who seek you rejoice and be glad in you; may those who love your salvation always say, "Let God be exalted!"

5 **Yet I am poor and needy;**
나는 가난하고 궁핍하오니

Yet I am poor and needy; **come quickly to me, O God.**
나는 가난하고 궁핍하오니 하나님이여 속히 내게 임하소서

Yet I am poor and needy; come quickly to me, O God. **You are my help and my deliverer;**

나는 가난하고 궁핍하오니 하나님이여 속히 내게 임하소서 주는 나의 도움이시오 나를 건지시는 이시오니

Yet I am poor and needy; come quickly to me, O God. You are my help and my deliverer; **O LORD, do not delay.**
나는 가난하고 궁핍하오니 하나님이여 속히 내게 임하소서 주는 나의 도움이시오 나를 건지시는 이시오니 여호와여 지체하지 마소서.

Yet I am poor and needy; come quickly to me, O God. You are my help and my deliverer; O LORD, do not delay.

hasten v.서두르다 | shame n.부끄러움, 치욕 | confusion n.혼동, 혼란 | ruin n.파괴 | disgrace n.수치 | exalt v.찬양하다 | delay v.지체하다, n.지체

Holy Bible

100편

감사의 시

이 시에는 '감사의 시'라는 부제가 붙어 있다. 이 시인은 하나님께 감사하는 길은 '그를 높이고', '그를 찬양하며', '그를 섬기고', '그만이 하나님임'을 알아야 함을 촉구한다. 아울러 그는 하나님을 찬송함에 있어 '즐겁게', '기쁨으로', '감사함으로' 나아갈 것을 말한다. 그 이유는 그는 선하시니 그의 인자하심이 영원하고 그의 성실하심이 대대에 이르기 때문이다.

1 **Shout for joy to the LORD,**

여호와께 즐거이 부를지어다.

Shout for joy to the LORD, **all the earth.**

온 땅이여 여호와께 즐거이 부를지어다.

Shout for joy to the LORD, all the earth.

2 **Worship the LORD with gladness;**

기쁨으로 여호와를 섬기며

Worship the LORD with gladness; **come before him with joyful songs.**

기쁨으로 여호와를 섬기며 노래하면서 그의 앞에 나아갈지어다.

Worship the LORD with gladness; come before him with joyful songs.

3 **Know that the LORD is God.**

여호와가 우리 하나님이신 줄 너희는 알지어다.

Know that the LORD is God. **It is he who made us, and we are his;**

여호와가 우리 하나님이신 줄 너희는 알지어다 그는 우리를 지으신 이요 우리는 그의 것이니

Know that the LORD is God. It is he who made us, and we are his; **we are his people,**

여호와가 우리 하나님이신 줄 너희는 알지어다 그는 우리를 지으신 이요 우리는 그의 것이니 그의 백성이요

Know that the LORD is God. It is he who made us, and we are his;

we are his people, **the sheep of his pasture.**
여호와가 우리 하나님이신 줄 너희는 알지어다 그는 우리를 지으신 이요 우리는 그의 것이니 그의 백성이요 그의 기르시는 양이로다.

Know that the LORD is God. It is he who made us, and we are his; we are his people, the sheep of his pasture.

4 **Enter his gates with thanksgiving**
감사함으로 그의 문에 들어가며

Enter his gates with thanksgiving **and his courts with praise;**
감사함으로 그의 문에 들어가며 찬송함으로 그의 궁정에 들어가서

Enter his gates with thanksgiving and his courts with praise; **give thanks to him and praise his name.**
감사함으로 그의 문에 들어가며 찬송함으로 그의 궁정에 들어가서 그에게 감사하며 그의 이름을 송축할지어다.

Enter his gates with thanksgiving and his courts with praise; give thanks to him and praise his name.

5 **For the LORD is good and his love endures forever;**
여호와는 선하시니 그의 인자하심이 영원하고

For the LORD is good and his love endures forever; **his faithfulness continues through all generations.**
여호와는 선하시니 그의 인자하심이 영원하고 그의 성실하심이 대대에 이르리로다.

For the LORD is good and his love endures forever; his faithfulness continues through all generations.

sheep n.양 | pasture n.초원 | thanksgiving n.감사 | endure v.견디다 | generation n.세대

110편

예수 그리스도 예언시

다윗은 하나님께서 부어주신 놀라운 영감으로 자신의 사후 1,000년 후에야 이 땅에 오실 메시아를 본 듯이 노래했다.

시편의 비평가들 가운데서는 간혹 이 시가 다윗 자신에 관한 것이라고 말하는 이들이 있지만 그것은 옳지 않다. 이 시의 주인공은 다윗이 아니다. 간혹 다윗은 자신의 시에서 그 자신에 관한 것을 노래한 적이 있지만 영의 사람 다윗은 결코 자신을 높인 적이 없다. 그는 늘 부족한 자신을 내세워 위대한 여호와 하나님을 노래했다. 그는 끝없이 여호와를 높였지만 늘 자신을 낮춘 시인이었다.

1 **The LORD says to my Lord:**
여호와께서 내 주에게 말씀하시기를

The LORD says to my Lord: **"Sit at my right hand**
여호와께서 내 주에게 말씀하시기를 내 오른쪽에 앉아 있으라 하셨도다.

The LORD says to my Lord: "Sit at my right hand **until I make your**

enemies a footstool for your feet.”

여호와께서 내 주에게 말씀하시기를 내가 네 원수들로 네 발판이 되게 하기까지 너는 내 오른쪽에 앉아 있으라 하셨도다.

The LORD says to my Lord: “Sit at my right hand until I make your enemies a footstool for your feet.”

2 **The LORD will extend your mighty scepter from Zion;**

여호와께서 시온에서부터 주의 권능의 규를 내보내시리니

The LORD will extend your mighty scepter from Zion; **you will rule in the midst of your enemies.**

여호와께서 시온에서부터 주의 권능의 규를 내보내시리니 주는 원수들 중에서 다스리소서.

The LORD will extend your mighty scepter from Zion; you will rule in the midst of your enemies.

3 **Your troops will be willing on your day of battle.**

주의 권능의 날에 주의 백성이

Your troops will be willing on your day of battle. **Arrayed in holy majesty,**

주의 권능의 날에 주의 백성이 거룩한 옷을 입고 즐거이 헌신하니

Your troops will be willing on your day of battle. Arrayed in holy majesty, **from the womb of the dawn you will receive the dew of your youth.**

주의 권능의 날에 주의 백성이 거룩한 옷을 입고 즐거이 헌신하니 새벽이슬 같은 주의 청년들이 주께 나오는도다.

Your troops will be willing on your day of battle. Arrayed in holy majesty, from the womb of the dawn you will receive the dew of your youth.

4 **The LORD has sworn and will not change his mind:**
여호와는 맹세하고 변하지 아니하시리라

The LORD has sworn and will not change his mind: **"You are a priest forever,**
여호와는 맹세하고 변하지 아니하시리라 이르시기를 너는 영원한 제사장이라 하셨도다.

The LORD has sworn and will not change his mind: "You are a priest forever, **in the order of Melchizedek."**
여호와는 맹세하고 변하지 아니하시리라 이르시기를 너는 멜기세덱의 서열을 따라 영원한 제사장이라 하셨도다.

The LORD has sworn and will not change his mind: "You are a priest forever, in the order of Melchizedek."

5 **The Lord is at your right hand;**
주의 오른쪽에 계신 주께서

The Lord is at your right hand; **he will crush kings on the day of his wrath.**
주의 오른쪽에 계신 주께서 그의 노하시는 날에 왕들을 쳐서 깨뜨리실 것이라.

The Lord is at your right hand; he will crush kings on the day of his wrath.

6 **He will judge the nations,**

뭇 나라를 심판하여

He will judge the nations, **heaping up the dead**

뭇 나라를 심판하여 시체로 가득하게 하시고

He will judge the nations, heaping up the dead **and crushing the rulers of the whole earth.**

뭇 나라를 심판하여 시체로 가득하게 하시고 여러 나라의 머리를 쳐서 깨뜨리시며

He will judge the nations, heaping up the dead and crushing the rulers of the whole earth.

7 **He will drink from a brook beside the way;**

길 가의 시냇물을 마시므로

He will drink from a brook beside the way; **therefore he will lift up his head.**

길 가의 시냇물을 마시므로 그의 머리를 드시리로다.

He will drink from a brook beside the way; therefore he will lift up his head.

footstool n.발판 | scepter n.왕권, 왕홀 | midst n.중앙 | troop n.모임, 무리 | array v.(예복을)차려 입다 | majesty n.품격, 위엄 | womb n.자궁 | dawn n.새벽 | dew n.물방울, 이슬 | crush v.으깨다 | wrath n.노여움 | heap v.겹쳐 쌓다, n.더미 | brook n.시내, 개울

113편

약한 자를 도우시는 하나님을 찬양함

이 시편과 더불어 '할렐루야 시편'이 시작된다. 유대인들은 엄숙한 절기 때에 이런 노래를 불렀다.

유대인들은 시편 113편에서 118편에 이르는 일련의 시편들을 유월절에 부르는 전통을 이어왔다. 이 부분은 '위대한 할렐'로 지칭된다. 이 전통은, 고대 유대인들이 이 여섯 시편들 가운데서 긴밀한 연관성을 인식하였음을 보여준다. 이들 모두는 구속주이신 하나님을 찬양하며, 유월절에 적합한 내용이다.

탈무드에서는 '할렐 시편'이 유월절에 특히 적합한 노래로 언급되고 있다. 그 이유인즉, 그것이 이스라엘을 향한 하나님의 선하심뿐만 아니라 그들을 애굽으로부터 구원하신 사실 또한 기록하고 있기 때문이다. 따라서 '너희 여호와의 종들아 여호와를 찬양하라'는 표현으로써 시작하기에 적절한 시편과 더불어 '할렐 시편'이 시작된다. 할렐 시편은 이스라엘의 3대 절기와 수전절과 그리고 월삭에 낭송되었으며 신년절과 속죄일에는 사용되지 않았다. 이는 즐거운 찬양의 노래가 엄숙하고 비통한 분위기와는 조화를 이루지 못하기 때문이다. 또한 유월절 후반부에는 할렐 시편의 일부가 낭송되었다. 왜냐하면, 하나님은 자신의 백성을 대적하는 자들을 바다에 빠뜨리사 그 백성으로 하여금 기쁜 찬양을 부르게 하셨기 때문이다.

1 **Praise the LORD. Praise, O servants of the LORD,**

할렐루야 여호와의 종들아 찬양하라

Praise the LORD. Praise, O servants of the LORD, **praise the name of the LORD.**
할렐루야 여호와의 종들아 찬양하라 여호와의 이름을 찬양하라

Praise the LORD. Praise, O servants of the LORD, praise the name of the LORD.

2 **Let the name of the LORD be praised,**
여호와의 이름을 찬송할지로다.

Let the name of the LORD be praised, **both now and forevermore.**
이제부터 영원까지 여호와의 이름을 찬송할지로다.

Let the name of the LORD be praised, both now and forevermore.

3 **From the rising of the sun to the place where it sets,**
해 돋는 데에서부터 해지는 데에까지

From the rising of the sun to the place where it sets, **the name of the LORD is to be praised.**
해 돋는 데에서부터 해지는 데에까지 여호와의 이름이 찬양을 받으시리로다.

From the rising of the sun to the place where it sets, the name of the LORD is to be praised.

4 **The LORD is exalted over all the nations,**
여호와는 모든 나라보다 높으시며

The LORD is exalted over all the nations, **his glory above the heavens.**

여호와는 모든 나라보다 높으시며 그의 영광은 하늘보다 높으시도다.

The LORD is exalted over all the nations, his glory above the heavens.

5 **Who is like the LORD our God,**
여호와 우리 하나님과 같은 이가 누구리요

Who is like the LORD our God, **the One who sits enthroned on high,**
여호와 우리 하나님과 같은 이가 누구리요 높은 곳에 앉으셨으나

Who is like the LORD our God, the One who sits enthroned on high,

6 **who stoops down**
스스로 낮추사

who stoops down **to look on the heavens and the earth?**
스스로 낮추사 천지를 살피시고

who stoops down to look on the heavens and the earth?

7 **He raises the poor from the dust**
가난한 자를 먼지 더미에서 일으키시며

He raises the poor from the dust **and lifts the needy from the ash heap;**
가난한 자를 먼지 더미에서 일으키시며 궁핍한 자를 거름 더미에서 들어 세워

He raises the poor from the dust and lifts the needy from the ash heap;

8 **he seats them with princes,**
지도자들과 함께 세우시며

he seats them with princes, **with the princes of their people.**
지도자들 곧 그의 백성의 지도자들과 함께 세우시며

he seats them with princes, with the princes of their people.

9 **He settles the barren woman in her home**
또 잉태하지 못하던 여자를 집에 살게 하사

He settles the barren woman in her home **as a happy mother of children.**
또 잉태하지 못하던 여자를 집에 살게 하사 자녀들을 즐겁게 하는 어머니가 되게 하시는도다.

He settles the barren woman in her home as a happy mother of children. **Praise the LORD.**
또 잉태하지 못하던 여자를 집에 살게 하사 자녀들을 즐겁게 하는 어머니가 되게 하시는도다. 할렐루야

He settles the barren woman in her home as a happy mother of children. Praise the LORD.

forevermore n.영원히 | enthrone v.왕위에 올리다 | stoop v.굽히다 | dust n.먼지 | barren a.불임의

120편

화평을 원하는 자의 노래

이 시에는 '성전에 올라가는 노래'라는 부제가 붙어 있다. 이 시의 뒤에 나오는 열네 편의 시는 모두 성전에 올라가는 노래이다. 이 시들은 각지에서 성전을 향해 나아가는 순례자들이 불렀던 노래일 것이다.

이 시와 다음에 나오는 열네 편의 시는 놀라울 정도로 간결하고 그 표현 방식은 아름답다. 그래서일까 '성전에 올라가는 노래'라는 이 말을 트레멜리우스Tremellius는 이를 '가장 탁월한 노래'라고 번역했다.

1 **I call on the LORD in my distress,**
내가 환난 중에 여호와께 부르짖었더니

I call on the LORD in my distress, **and he answers me.**
내가 환난 중에 여호와께 부르짖었더니 내게 응답하셨도다.

I call on the LORD in my distress, and he answers me.

2 **Save me, O LORD,**
여호와여 내 생명을 건져 주소서.

Save me, O LORD, **from lying lips and from deceitful tongues.**
여호와여 거짓된 입술과 속이는 혀에서 내 생명을 건져 주소서.

Save me, O LORD, from lying lips and from deceitful tongues.

3 **What will he do to you,**
무엇을 네게 주며

What will he do to you, **and what more besides,**
무엇을 네게 주며 무엇을 네게 더할꼬

What will he do to you, and what more besides, **O deceitful tongue?**
너 속이는 혀여 무엇을 네게 주며 무엇을 네게 더할꼬

What will he do to you, and what more besides, O deceitful tongue?

4 **He will punish you with a warrior's sharp arrows,**
그가 네게 줄 것은 장사의 날카로운 화살이로다.

He will punish you with a warrior's sharp arrows, **with burning coals of the broom tree.**
장사의 날카로운 화살과 로뎀 나무 숯불이로다.

He will punish you with a warrior's sharp arrows, with burning coals of the broom tree.

5 **Woe to me that I dwell in Meshech,**
메섹에 머무는 것이 네게 화로다.

Woe to me that I dwell in Meshech, **that I live among the tents of Kedar!**
메섹에 머물며 게달의 장막 중에 머무는 것이 네게 화로다.

Woe to me that I dwell in Meshech, that I live among the tents of Kedar!

6 **Too long have I lived**
내가 오래 거주하였도다.

Too long have I lived **among those who hate peace.**
내가 화평을 미워하는 자들과 함께 오래 거주하였도다.

Too long have I lived among those who hate peace.

7 **I am a man of peace;**
나는 화평을 원할지라도

I am a man of peace; **but when I speak, they are for war.**
나는 화평을 원할지라도 내가 말할 때에 그들은 싸우려 하는도다.

I am a man of peace; but when I speak, they are for war.

distress n.고통, 환란 | warrior 군인, 노병 | arrow n.화살 | broom n.로뎀나무 | woe n. 비애, 비탄

121편

도우시는 하나님을 찬양함

"1절에 따르면 이 시는 예루살렘 산을 바라보며 부르게 되어 있었으며,

신성한 순례단이 마지막 밤을 지내면서 부르도록 되어 있는 저녁 노래임이 분명하다. 이 시는 신성한 순례단이 오랫동안 바라던 순례가 끝나고, 예루살렘의 산들이 멀리 시야에 들어오는 마지막 밤에 휴식을 취하러 가면서 부르던 것이기 때문이다. 이 시에서 우리는 다음 시와의 적절한 연관성을 발견한다. 다음 시는 순례자들이 한 단계 나아가 예루살렘 문에서 있을 때 부르던 것이었다. 여기서 우리는 이 시의 중간에 '내가 너를 지킨다.'는 선언과 관련하여 주님이 이스라엘을 '지키시는 자'로 서 계신다는 사실에 대한 설명을 발견하게 된다. 이는 족장인 야곱이 긴 여로 중에 잠을 잘 때 하신 말씀이다. 이 경우에서도 또한 '졸지도 아니하고 주무시지도 아니하시리로다."라는 말씀이 충분히 드러난다.'

— 헹스텐버그 E. W. Hengstenberg

1 **I lift up my eyes to the hills**
내가 산을 향하여 눈을 들리라

I lift up my eyes to the hills **where does my help come from?**
내가 산을 향하여 눈을 들리라 나의 도움이 어디서 올까

I lift up my eyes to the hills where does my help come from?

2 **My help comes from the LORD,**
나의 도움은 여호와에게서로다.

My help comes from the LORD, **the Maker of heaven and earth.**
나의 도움은 천지를 지으신 여호와에게서로다.

My help comes from the LORD, the Maker of heaven and earth.

3 **He will not let your foot slip**

여호와께서 너를 실족하지 아니하게 하시며

He will not let your foot slip **he who watches over you will not slumber;**

여호와께서 너를 실족하지 아니하게 하시며 너를 지키시는 이가 졸지 아니하시리로다.

He will not let your foot slip he who watches over you will not slumber;

4 **indeed, he who watches over Israel**

이스라엘을 지키시는 이는

indeed, he who watches over Israel **will neither slumber nor sleep.**

이스라엘을 지키시는 이는 졸지도 아니하시고 주무시지도 아니하시리로다.

indeed, he who watches over Israel will neither slumber nor sleep.

5 **The LORD watches over you**

여호와는 너를 지키시는 이시라

The LORD watches over you **the LORD is your shade at your right hand;**

여호와는 너를 지키시는 이시라 여호와께서 네 오른쪽에서 네 그늘이 되시나니

The LORD watches over you the LORD is your shade at your right hand;

6 **the sun will not harm you by day,**
낮의 해가 너를 상하게 하지 아니하며

the sun will not harm you by day, **nor the moon by night.**
낮의 해가 너를 상하게 하지 아니하며 밤의 달도 너를 헤치지 아니하리로다.

the sun will not harm you by day, nor the moon by night.

7 **The LORD will keep you from all harm**
여호와께서 너를 지켜 모든 환난을 면하게 하시며

The LORD will keep you from all harm **he will watch over your life;**
여호와께서 너를 지켜 모든 환난을 면하게 하시며 또 네 영혼을 지키시리로다.

The LORD will keep you from all harm he will watch over your life;

8 **the LORD will watch over your coming**
여호와께서 너의 출입을 지키시리로다.

the LORD will watch over your coming **and going both now and forevermore.**
여호와께서 너의 출입을 지금부터 영원까지 지키시리로다.

the LORD will watch over your coming and going both now and forevermore.

slip v.미끄러져 넘어지다 | slumber v.잠시 졸다

123편

긍휼을 바라는 자의 기도시

이 시는 아주 짧아서, 많은 말이 아니라 열정적인 정신으로 드리는 기도의 위력을 보여 주기에 아주 적절한 예이다. 왜냐하면 크고 무거운 문제라도 영혼으로부터, 그리고 마음의 말할 수 없는 탄식으로부터 나올 경우 짧은 몇 마디 말로 표현될 수 있기 때문이다. 특히 우리가 절박하기 때문에 긴 기도를 드릴 여유가 없을 때 그러하다. 어떤 기도라도 열정적이며 성도의 필요를 이해하는 심정에서 나오는 것이라면 짧아도 충분하다.

—마틴 루터

1 **I lift up my eyes to you,**
내가 눈을 들어 주께 향하나이다.

I lift up my eyes to you, **to you whose throne is in heaven.**
하늘에 계시는 주여 내가 눈을 들어 주께 향하나이다.

I lift up my eyes to you, to you whose throne is in heaven.

2 **As the eyes of slaves look to the hand of their master,**
상전의 손을 바라보는 종들의 눈같이,

As the eyes of slaves look to the hand of their master, **as the eyes of a maid look to the hand of her mistress,**

상전의 손을 바라보는 종들의 눈같이, 여주인의 손을 바라보는 여종의 눈 같이

As the eyes of slaves look to the hand of their master, as the eyes of a maid look to the hand of her mistress, **so our eyes look to the LORD our God,**
상전의 손을 바라보는 종들의 눈같이, 여주인의 손을 바라보는 여종의 눈 같이 우리의 눈이 여호와 우리 하나님을 바라보며

As the eyes of slaves look to the hand of their master, as the eyes of a maid look to the hand of her mistress, so our eyes look to the LORD our God, **till he shows us his mercy.**
상전의 손을 바라보는 종들의 눈같이, 여주인의 손을 바라보는 여종의 눈 같이 우리의 눈이 여호와 우리 하나님을 바라보며 우리에게 은혜 베풀어 주시기를 기다리나이다.

As the eyes of slaves look to the hand of their master, as the eyes of a maid look to the hand of her mistress, so our eyes look to the LORD our God, till he shows us his mercy.

3 **Have mercy on us, O LORD, have mercy on us,**
여호와여 우리에게 은혜를 베푸시고 또 은혜를 베푸소서

Have mercy on us, O LORD, have mercy on us, **for we have endured much contempt.**
여호와여 우리에게 은혜를 베푸시고 또 은혜를 베푸소서 심한 멸시가 우리에게 넘치나이다.

Have mercy on us, O LORD, have mercy on us, for we have endured much contempt.

4 **We have endured much ridicule from the proud,**

안일한 자의 조소가 우리 영혼에 넘치나이다.

We have endured much ridicule from the proud, **much contempt from the arrogant.**
안일한 자의 조소와 교만한 자의 멸시가 우리 영혼에 넘치나이다.

We have endured much ridicule from the proud, much contempt from the arrogant.

throne n.왕좌 | mistress n.주부, 안주인 | mercy n.자비 | contempt n.경멸, 멸시 | ridicule n.비웃음, v.비웃다 | arrogant a.거만한

124편

원수의 손에서 벗어남을 노래함

'성전으로 올라가는 노래'인 이 시에 얽힌 에피소드가 있다. 앤드류 보나Andrew Bonar는 그녀의 책 《시편의 주와 그의 교회christ and His Church in the Book of Psalms》에서 이 이야기를 상세히 해주고 있다. 1582년 에든버러에서는 시편 124편이 눈에 띄게 많이 불려졌다. 감옥에 갇힌 사역자 존 더리John Durie가 풀려나 200명의 친구들과 만나고 환영을 받으면서 읍에 들어갔다. 환영 인파의 수는 점점 늘어났고 존 더리는 결국 2,000명의 사람들 가운데 있게 되었다. 그때 그들은 긴 중앙로로 올라가면서 찬송하

기 시작했다.

"이스라엘은 이제 말하기를 ……."

그들은 매우 엄숙하게 4부 합창으로 노래를 불렀고 모두 함께 유명한 곡조를 따라 이 시를 찬송했다. 그들은 스스로 크게 감동을 받았으며, 그 찬송을 들은 다른 사람도 마찬가지였다. 그리고 최고 검사 가운데 한 사람은 스코틀랜드에서 경험한 그 어떤 일보다 이 광경과 노래에 매우 놀랐다고 한다.

'여호와께서 우리 편에 계시지 아니하셨더라면 우리가 어떻게 하였으랴.'로 시작되는 이 노래는 결코 그가 우리를 떠나지 않음을 역설적으로 외치며 '우리의 도움은 천지를 지으신 여호와의 이름에 있도다.'로 끝을 맺는다.

1 **If the LORD had not been on our side**

여호와께서 우리 편에 계시지 아니하셨더라면 우리가 어떻게 하였으랴

If the LORD had not been on our side **let Israel say-**

이스라엘은 이제 말하기를 여호와께서 우리 편에 계시지 아니하셨더라면 우리가 어떻게 하였으랴

If the LORD had not been on our side let Israel say-

2 **if the LORD had not been on our side**

여호와께서 우리 편에 계시지 아니하셨더라면

if the LORD had not been on our side **when men attacked us,**

사람들이 우리를 치러 일어날 때에 여호와께서 우리 편에 계시지 아니하셨더라면

if the LORD had not been on our side when men attacked us,

3 **when their anger flared against us,**
그 때에 그들의 노여움이 우리에게 맹렬하여

when their anger flared against us, **they would have swallowed us alive;**
그 때에 그들의 노여움이 우리에게 맹렬하여 우리를 산채로 삼켰을 것이며

when their anger flared against us, they would have swallowed us alive;

4 **the flood would have engulfed us,**
그 때에 물이 우리를 휩쓸며

the flood would have engulfed us, **the torrent would have swept over us,**
그 때에 물이 우리를 휩쓸며 시내가 우리 영혼을 삼켰을 것이며

the flood would have engulfed us, the torrent would have swept over us,

5 **the raging waters would have swept us away.**
그 때에 넘치는 물이 우리 영혼을 삼켰을 것이라 할 것이로다.

the raging waters would have swept us away.

6 **Praise be to the LORD,**

여호와를 찬송할지로다.

Praise be to the LORD, **who has not let us be torn by their teeth.**

우리를 내주어 그들의 이에 씹히지 아니하게 하신 여호와를 찬송할지로다.

Praise be to the LORD, who has not let us be torn by their teeth.

7 **We have escaped like a bird out of the fowler's snare;**

우리의 영혼이 사냥꾼의 올무에서 벗어난 새 같이 되었나니

We have escaped like a bird out of the fowler's snare; **the snare has been broken,**

우리의 영혼이 사냥꾼의 올무에서 벗어난 새 같이 되었나니 올무가 끊어지므로

We have escaped like a bird out of the fowler's snare; the snare has been broken, **and we have escaped.**

우리의 영혼이 사냥꾼의 올무에서 벗어난 새 같이 되었나니 올무가 끊어지므로 우리가 벗어났도다.

We have escaped like a bird out of the fowler's snare; the snare has been broken, and we have escaped.

8 **Our help is in the name of the LORD,**

우리의 도움은 여호와의 이름에 있도다.

Our help is in the name of the LORD, **the Maker of heaven and earth.**

우리의 도움은 천지를 지으신 여호와의 이름에 있도다.

Our help is in the name of the LORD, the Maker of heaven and earth.

flare v.활활 타오르다 | swallow v.꿀꺽 삼키다 | engulf v.빨아들이다 | torrent n.급류 | snare n.올무

126편

해방의 대사를 행하신 하나님을 찬양함

'성전에 올라가는 노래' 중 일곱 번째에 위치한 이 시를 성 어거스틴은 '올라감의 노래, 위로 다가감의 노래' 즉, 예루살렘으로 가는 노래라고 이 부제를 해석했다.

죄와 사망의 포로 생활에서 구출되는 것은 이스라엘이 신체적 포로 생활에서 건짐받았을 때처럼 그리스도인이 영적으로 죄의 포로 된데서 구원받음을 의미하므로 우린 뛸 듯이 기뻐하며 이 노래를 부를 수 있다.

1 **When the LORD brought back the captives to Zion,**
여호와께서 시온의 포로를 돌려보내실 때에

When the LORD brought back the captives to Zion, **we were like men who dreamed.**
여호와께서 시온의 포로를 돌려보내실 때에 우리는 꿈꾸는 것 같았도다.

When the LORD brought back the captives to Zion, we were like men who dreamed.

2 **Our mouths were filled with laughter,**

그 때에 우리 입에는 웃음이 가득하고

Our mouths were filled with laughter, **our tongues with songs of joy.**

그 때에 우리 입에는 웃음이 가득하고 우리 혀에는 찬양이 찼었도다.

Our mouths were filled with laughter, our tongues with songs of joy. **Then it was said among the nations,**

그 때에 우리 입에는 웃음이 가득하고 우리 혀에는 찬양이 찼었도다. 그 때에 뭇 나라 가운데에서 말하기를

Our mouths were filled with laughter, our tongues with songs of joy. Then it was said among the nations, **"The LORD has done great things for them."**

그 때에 우리 입에는 웃음이 가득하고 우리 혀에는 찬양이 찼었도다. 그 때에 뭇 나라 가운데에서 말하기를 여호와께서 그들을 위하여 큰 일을 행하셨다 하였도다.

Our mouths were filled with laughter, our tongues with songs of joy. Then it was said among the nations, "The LORD has done great things for them."

3 **The LORD has done great things for us,**

여호와께서 우리를 위하여 큰 일을 행하셨으니

The LORD has done great things for us, **and we are filled with joy.**

여호와께서 우리를 위하여 큰 일을 행하셨으니 우리는 기쁘도다.

The LORD has done great things for us, and we are filled with joy.

4 **Restore our fortunes, O LORD,**

여호와여 우리의 포로를 돌려 보내소서.

Restore our fortunes, O LORD, **like streams in the Negev.**
여호와여 우리의 포로를 남방 시내들같이 돌려 보내소서.

Restore our fortunes, O LORD, like streams in the Negev.

5 **Those who sow in tears**
눈물을 흘리며 씨를 뿌리는 자는

Those who sow in tears **will reap with songs of joy.**
눈물을 흘리며 씨를 뿌리는 자는 기쁨으로 거두리로다.

Those who sow in tears will reap with songs of joy.

6 **He who goes out weeping, carrying seed to sow,**
울며 씨를 뿌리어 나가는 자는

He who goes out weeping, carrying seed to sow, **will return with songs of joy,**
울며 씨를 뿌리어 나가는 자는 반드시 기쁨으로 돌아오리로다.

He who goes out weeping, carrying seed to sow, will return with songs of joy, **carrying sheaves with him.**
울며 씨를 뿌리어 나가는 자는 반드시 기쁨으로 그 곡식 단을 가지고 돌아오리로다.

He who goes out weeping, carrying seed to sow, will return with songs of joy, carrying sheaves with him.

captive n.포로 | restore v.되돌리다 | reap v.수확하다, 베다

130편

간절히 사모하는 영혼의 기도

역시 '성전에 올라가는 노래'라는 부제가 붙어 있는 이 시는 129편의 후속 시로 볼 수 있다. 이 시는 참회의 시다. 이 시는 여호와의 이름을 여덟 번 반복함으로서 여호와에 대한 열망을 나타낸다.

"이 시는 다른 어떤 시보다도 상승이 두드러지는 것 같다. 깊은 곳, 기도, 죄의 자각, 빛, 소망, 기다림, 파수꾼의 기다림, 갈구, 신뢰, 확신, 보편적 행복과 기쁨 …… 온도계가 기온의 상승을 표시하듯이, 이 시는 문장마다 영혼의 진보를 기록한다. 그리고 자로 재듯이 이 시로 자신을 가늠해 보고, 문장마다 자신에게 질문할 수 있다. '나는 여기에 이르렀는가? 나는 여기에 이르렀는가?' 그처럼 자신의 영적 수준을 재어 보라."

제임스 본이 《천국으로 가는 단계Steps to Heaven》에서 한 말이다. 또 로버트 롤록Robert Rollock은 이런 말을 했다.

"이 시를 쓴 사람이 누구인지 상관없이 그는 큰 위험을 당했을 때 하나님께 드린 기도를 언급하고 그 기도를 다시 드린다. 그리고 그 기도는 5절에 나온다. 그런 다음 그는 경험을 통해 위로의 대답을 발견하며, 하나님께 기도하고 하나님을 기다리는 것이 얼마나 좋은 일인지를 발견하며, 이전에 하나님을 기다렸던 것처럼 앞으로도 하나님을 기다릴 것이라고 고백한다. 이는 6절에 나온다. 마지막 부분에서 그는 이스라엘에게로, 교회로 방향을 바꾸어 자신이 그랬듯이 하나님을 기다리도록 그들에게 권한다. 그들이 하나님을 기다릴 경우 그들에게 인자하심과 모든 죄악에서의 구속이 임할 것이라고 약속하면서 말이다."

프란츠 델리취Franz Delitzsch는 이 시와 관련된 루터의 에피소드를 소개한 바 있다. 루터는 시편 가운데 가장 훌륭한 시는 무엇이냐는 질문을 받았을 때, '바울의 시편Psalmi Paulini'이라고 대답했고, 식사 중 동료들이 어떤 시편들이냐고 채근했을 때는 시 32, 51, 130, 143편이라고 대답했다고 한다.

존 트랩John Trapp은 루터가 코부르크에서 사탄에게 방해를 받아 큰 고난 가운데 있었을 때, 주위에 있는 사람들에게 이렇게 말했다고 전한다. "자, 사탄의 조소 가운데서 '내가 깊은 데서'라는 시편을 노래합시다."

1 **Out of the depths I cry to you, O LORD;**

여호와여 내가 깊은 곳에서 주께 부르짖나이다.

Out of the depths I cry to you, O LORD;

2 **O Lord, hear my voice.**

주여 내 소리를 들으시며

O Lord, hear my voice. **Let your ears be attentive to my cry for mercy.**

주여 내 소리를 들으시며 나의 부르짖는 소리에 귀를 기울이소서.

O Lord, hear my voice. Let your ears be attentive to my cry for mercy.

3 **If you, O LORD, kept a record of sins,**

여호와여 주께서 죄악을 지켜보실진대

If you, O LORD, kept a record of sins, **O Lord, who could stand?**
여호와여 주께서 죄악을 지켜보실진대 주여 누가 서리이까.

If you, O LORD, kept a record of sins, O Lord, who could stand?

4 **But with you there is forgiveness;**
그러나 사유하심이 주께 있음은

But with you there is forgiveness; **therefore you are feared.**
그러나 사유하심이 주께 있음은 주를 경외하게 하심이니이다.

But with you there is forgiveness; therefore you are feared.

5 **I wait for the LORD, my soul waits,**
나 곧 내 영혼은 여호와를 기다리며

I wait for the LORD, my soul waits, **and in his word I put my hope.**
나 곧 내 영혼은 여호와를 기다리며 나는 주의 말씀을 바라는도다.

I wait for the LORD, my soul waits, and in his word I put my hope.

6 **My soul waits for the Lord**
내 영혼이 주를 기다리나니

My soul waits for the Lord **more than watchmen wait for the morning,**
파수꾼이 아침을 기다림보다 내 영혼이 주를 더 기다리나니

My soul waits for the Lord more than watchmen wait for the morning, **more than watchmen wait for the morning.**

파수꾼이 아침을 기다림보다 내 영혼이 주를 더 기다리나니 참으로 파수꾼이 아침을 기다림보다 더 하도다.

My soul waits for the Lord more than watchmen wait for the morning, more than watchmen wait for the morning.

7 **O Israel, put your hope in the LORD,**
이스라엘아 여호와를 바랄지어다.

O Israel, put your hope in the LORD, **for with the LORD is unfailing love**
이스라엘아 여호와를 바랄지어다. 여호와께서는 인자하심 있음이라.

O Israel, put your hope in the LORD, for with the LORD is unfailing love **and with him is full redemption.**
이스라엘아 여호와를 바랄지어다. 여호와께서는 인자하심과 풍성한 속량이 있음이라.

O Israel, put your hope in the LORD, for with the LORD is unfailing love and with him is full redemption.

8 **He himself will redeem Israel**
그가 이스라엘을 속량하시리로다.

He himself will redeem Israel **from all their sins.**
그가 이스라엘을 그의 모든 죄악에서 속량하시리로다.

He himself will redeem Israel from all their sins.

attentive a.주의 깊은 | redemption n.구속, 구원 | redeem v.구속하다, 구원하다

131편

하나님이 주신 고요와 평온을 노래함

이 시 역시 성전으로 올라가며 부르는 다윗의 노래다. 이 시는 아주 짧지만 성전으로 올라가는 예배자가 가져야 할 마음 자세를 잘 나타내고 있다.

1. 교만하지 않아야 하고 - 그리스도의 마음은 늘 온유하고 겸손하셨다.
2. 그 눈이 오만하지 아니하고 - 예배자의 눈은 겸손히 여호와를 앙망해야 한다.
3. 감당하지 못할 큰 일을 하려고 욕심내지 아니하며 - 하나님을 의뢰하며 그분과 함께 일한다.
4. 고요하고 평온한 마음으로 주께 나아간다. - 그것은 젖 뗀 아이가 어머니의 품에 있는 것과 같다.

1 **My heart is not proud, O LORD,**
여호와여 내 마음이 교만하지 아니하고

My heart is not proud, O LORD, **my eyes are not haughty;**
여호와여 내 마음이 교만하지 아니하고 내 눈이 오만하지 아니하오며

My heart is not proud, O LORD, my eyes are not haughty; **I do not concern myself with great matters**
여호와여 내 마음이 교만하지 아니하고 내 눈이 오만하지 아니하오며 내가 큰 일을 하려고 힘쓰지 아니하나이다.

My heart is not proud, O LORD, my eyes are not haughty; I do not concern myself with great matters **or things too wonderful for me.**
여호와여 내 마음이 교만하지 아니하고 내 눈이 오만하지 아니하오며 내가 큰 일과 감당하지 못할 놀라운 일을 하려고 힘쓰지 아니하나이다.

My heart is not proud, O LORD, my eyes are not haughty; I do not concern myself with great matters or things too wonderful for me.

2 **But I have stilled and quieted my soul;**
실로 내가 내 영혼으로 고요하고 평온하게 하도다.

But I have stilled and quieted my soul; **like a weaned child with its mother,**
실로 내가 내 영혼으로 고요하고 평온하게 하기를 젖 뗀 아이가 그의 어머니 품에 있음 같게 하였나니

But I have stilled and quieted my soul; like a weaned child with its mother, **like a weaned child is my soul within me.**
실로 내가 내 영혼으로 고요하고 평온하게 하기를 젖 뗀 아이가 그의 어머니 품에 있음 같게 하였나니 내 영혼이 젖 뗀 아이와 같도다.

But I have stilled and quieted my soul; like a weaned child with its mother, like a weaned child is my soul within me.

3 **O Israel, put your hope in the LORD**
이스라엘아 여호와를 바랄지어다.

O Israel, put your hope in the LORD **both now and forevermore.**
이스라엘아 지금부터 영원까지 여호와를 바랄지어다.

O Israel, put your hope in the LORD both now and forevermore.

wean v.젖을 떼다

Holy Bible

133편

형제의 연합을 노래함

이 시 역시 다윗의 시로서 성전으로 올라갈 때 부르는 노래이다. 이 아름다운 시는 시편 23편과 더불어 이미 많은 사람들에 의해 애송기도 한다. 이 시를 통해 예배는 한마음 된 형제들이 함께 하나님께 나아가는 공동체의 제사임을 보여준다. 그 형제들이 드리는 예배의 아름다움은 제사장이나 왕이나 선지자들의 머리에 부어진 기름이 수염을 타고 흘러내려 그들의 옷깃을 적심 같고 또 그것은 헤르몬 산에 내린 이슬이 그 주위에 있는 시온의 산들을 적심과 같다고 노래한다.

나는 그 아론의 머리에 부어진 기름이나 헤르몬 산의 이슬은 성령의 기름부음이라고 생각한다. 하나님께 나아가 예배드리는 그 공동체에 부으시는 주님의 기름 부으심 말이다.

예배 드림에 있어 공동체의 하나 됨은 가장 중요하다. 그것은 형제의 연합이고 함께 살아감이다. '동거한다'는 말은 거주, 거처, 지속을 뜻하는 말이다. 그것은 인내하고 참는 것을 포함하며 형제의 사랑을 의미한다. 동거하기 위해 인내가 필요함을 예배자는 잊지 말아야 한다. 형제가 연합하고 동거함으로 하나 되지 못하면 그 공동체의 예배는 무의미하다.

"그러므로 예물을 제단에 드리다가 거기서 네 형제에게 원망들을만한 일이 있는 줄 생각나거든 예물을 제단 앞에 두고 먼저 가서 형제와 화목하고 그 후에 와서 예물을 드리라(마태복음 5:23-24)."

"형제가 연합하여 동거함이 어찌 그리 선하고 아름다운고 … … 중략 …… 거기서 여호와께서 복을 명령하셨나니 곧 영생이로다(시편 133:1-3)."

아름다운 공동체와 예배가 있는 곳에 하나님은 놀라운 복을 명령하신다. '충만한 복들아 그들에게 가라'고. 간혹 동성연애자들이 '형제가', '동거함'을 보고 이 시가 동성연애자들을 축복하는 것이라고 해석하기도 하는데, 그런 해석은 무리가 따른다고 본다.

1 **How good and pleasant it is**

어찌 그리 선하고 아름다운고.

How good and pleasant it is **when brothers live together in unity!**

보라 형제가 연합하여 동거함이 어찌 그리 선하고 아름다운고.

How good and pleasant it is when brothers live together in unity!

2 **It is like precious oil poured on the head,**

머리에 있는 보배로운 기름이

It is like precious oil poured on the head, **running down on the**

beard, running down on Aaron's beard,
머리에 있는 보배로운 기름이 수염 곧 아론의 수염에 흘러서

It is like precious oil poured on the head, running down on the beard, running down on Aaron's beard, **down upon the collar of his robes.**
머리에 있는 보배로운 기름이 수염 곧 아론의 수염에 흘러서 그의 옷깃까지 내림 같고

It is like precious oil poured on the head, running down on the beard, running down on Aaron's beard, down upon the collar of his robes.

3 **It is as if the dew of Hermon were falling on Mount Zion.**
헐몬의 이슬이 시온의 산들에 내림 같도다.

It is as if the dew of Hermon were falling on Mount Zion. **For there the LORD bestows his blessing,**
헐몬의 이슬이 시온의 산들에 내림 같도다. 거기서 여호와께서 복을 명령하셨나니

It is as if the dew of Hermon were falling on Mount Zion. For there the LORD bestows his blessing, **even life forevermore.**
헐몬의 이슬이 시온의 산들에 내림 같도다. 거기서 여호와께서 복을 명령하셨나니 곧 영생이로다.

It is as if the dew of Hermon were falling on Mount Zion. For there the LORD bestows his blessing, even life forevermore.

unity n.연합 | beard n.턱수염 | robe n.겉옷 | bestow v.수여하다, 주다

134편

시온 성소의 하나님을 찬양함

사람들은 성전에 올라가는 노래 중 마지막 노래인 이 시의 저자도 다윗일 것이라고 추측한다. 저녁 제물에서 피어오르는 마지막 연기가 푸른 하늘에 흩어지며, 저녁 찬송의 마지막 선율이 귀에서 사라졌다. 파수꾼은 밤을 위하여 배치되고 있다. 24명의 레위인, 3명의 제사장, 해질 때부터 해 뜰 때까지 거룩한 경내를 경계할 임무를 지낸 파수꾼 대장이 이미 몇 군데 지역을 살폈으며, 많은 사람이 이제 곧 닫힐 문을 통하여 돌아가고 있다. 그 많은 사람은 한참 있어야 다시 그 문으로 돌아오게 될 것이다. 그러나 그들은 마지막으로 마음에 가득한 경건을 표현하지 않고 떠날 수 없다. 그리고 그들은 망루와 총안銃眼에 있는 파수꾼을 향하여 거룩한 노래를 전한다. 그 노래 안에는 형제의 권고와 감동어린 기도가 있었다.

"밤에 여호와의 집에 서 있는 여호와의 모든 종들아 여호와를 송축하라."

경건한 경계병들은 그 호소를 즉각 마음에 받아들이며 그 높은 곳에서 사람들이 많이 사는 도성 위로, 그리고 기드론의 조용한 골짜기 낮은 곳으로, 천사의 가락처럼 울려 퍼지는 말로 자기들에게 이야기했던 예배자 각각에게 다음과 같은 축복의 인사말을 전한다.

"천지를 지으신 여호와께서 시온에서 네게 복을 주실 지어다."

—로버트 니스벳Robert Nisbet

1 **Praise the LORD, all you servants of the LORD**

여호와의 모든 종들아 여호와를 송축하라

Praise the LORD, all you servants of the LORD **who minister by night in the house of the LORD.**
보라 밤에 여호와의 성전에 서 있는 여호와의 모든 종들아 여호와를 송축하라

Praise the LORD, all you servants of the LORD who minister by night in the house of the LORD.

2 **Lift up your hands in the sanctuary**
성소를 향하여 너희 손을 들고

Lift up your hands in the sanctuary **and praise the LORD.**
성소를 향하여 너희 손을 들고 여호와를 송축하라.

Lift up your hands in the sanctuary and praise the LORD.

3 **May the LORD, the Maker of heaven and earth,**
천지를 지으신 여호와께서

May the LORD, the Maker of heaven and earth, **bless you from Zion.**
천지를 지으신 여호와께서 시온에서 네게 복을 주실지어다.

May the LORD, the Maker of heaven and earth, bless you from Zion.

138편

주의 인자와 성실에 대한 감사 찬송

이 시로부터 여덟 편의 시(138-145편)는 일인칭으로 기록되어 있으며, 열다섯 편의 성전에 올라가는 노래와 시온에 올라간 자들의 합창대가 부른 세 편의 찬양 시편 다음에 나온다. 이 시편들은 민족적 기도의 말을 모은 것이다. 이 여덟 개의 시편은 '개인' 기도와 찬양을 위한 독실한 이스라엘 백성의 지침서이다.

또 사무엘하 7장처럼 위대한 메시아적 약속에 관한 시라고 보는 학자들도 많다. 그 이유는 사무엘하 7장이 다윗의 감사와 밀접한 관계가 있기 때문이다. 이 감사의 결론은 이 시의 결론과 확연하게 일치한다.

"여호와 하나님이여 이제 주의 종과 종의 집에 대하여 말씀하신 것을 영원히 확실케 하옵시며 말씀하신 대로 행하사……(삼하 7:25)"

1 **I will praise you, O LORD, with all my heart;**
내가 전심으로 주께 감사하며

I will praise you, O LORD, with all my heart; **before the "gods" I will sing your praise.**
내가 전심으로 주께 감사하며 신들 앞에서 주께 찬송하리이다.

I will praise you, O LORD, with all my heart; before the "gods" I will sing your praise.

2 **I will bow down toward your holy temple**

내가 주의 성전을 향하여 경배하며

I will bow down toward your holy temple **and will praise your name for your love and your faithfulness,**

내가 주의 성전을 향하여 경배하며 주의 인자하심과 성실함으로 말미암아 주의 이름에 감사하오리니

I will bow down toward your holy temple and will praise your name for your love and your faithfulness, **for you have exalted above all things your name and your word.**

내가 주의 성전을 향하여 경배하며 주의 인자하심과 성실함으로 말미암아 주의 이름에 감사하오리니 이는 주께서 주의 말씀을 주의 모든 이름보다 높게 하셨음이라.

I will bow down toward your holy temple and will praise your name for your love and your faithfulness, for you have exalted above all things your name and your word.

3 **When I called, you answered me;**

내가 간구하는 날에 주께서 응답하시고

When I called, you answered me; **you made me bold and stout-hearted.**

내가 간구하는 날에 주께서 응답하시고 내 영혼을 장려하여 나를 강하게 하셨나이다.

When I called, you answered me; you made me bold and stout-hearted.

4 **May all the kings of the earth praise you, O LORD,**

여호와여 세상의 모든 왕들이 주께 감사할 것은

May all the kings of the earth praise you, O LORD, **when they hear the words of your mouth.**
여호와여 세상의 모든 왕들이 주께 감사할 것은 그들이 주의 입을 말씀을 들음이오며

May all the kings of the earth praise you, O LORD, when they hear the words of your mouth.

5 **May they sing of the ways of the LORD,**
그들이 여호와의 도를 노래할 것은

May they sing of the ways of the LORD, **for the glory of the LORD is great.**
그들이 여호와의 도를 노래할 것은 여호와의 영광이 크심이니이다.

May they sing of the ways of the LORD, for the glory of the LORD is great.

6 **Though the LORD is on high, he looks upon the lowly,**
여호와께서는 높이 계셔도 낮은 자를 굽어 살피시며

Though the LORD is on high, he looks upon the lowly, **but the proud he knows from afar.**
여호와께서는 높이 계셔도 낮은 자를 굽어 살피시며 멀리서도 교만한 자를 아심이니이다.

Though the LORD is on high, he looks upon the lowly, but the proud he knows from afar.

7 **Though I walk in the midst of trouble, you preserve my life;**
내가 환난 중에 다닐지라도 주께서 나를 살아나게 하시고

Though I walk in the midst of trouble, you preserve my life; **you stretch out your hand against the anger of my foes,**
내가 환난 중에 다닐지라도 주께서 나를 살아나게 하시고 주의 손을 펴사 내 원수들의 분노를 막으시며

Though I walk in the midst of trouble, you preserve my life; you stretch out your hand against the anger of my foes, **with your right hand you save me.**
내가 환난 중에 다닐지라도 주께서 나를 살아나게 하시고 주의 손을 펴사 내 원수들의 분노를 막으시며 주의 오른 손이 나를 구원하시리이다.

Though I walk in the midst of trouble, you preserve my life; you stretch out your hand against the anger of my foes, with your right hand you save me.

8 **The LORD will fulfill his purpose for me;**
여호와께서 내게 관계된 것을 완전케 하실지라.

The LORD will fulfill his purpose for me; **your love, O LORD, endures forever**
여호와께서 내게 관계된 것을 완전케 하실지라. 여호와여 주의 인자하심이 영원하오니

The LORD will fulfill his purpose for me; your love, O LORD, endures forever **do not abandon the works of your hands.**
여호와께서 내게 관계된 것을 완전케 하실지라. 여호와여 주의 인자하심이 영원하오니 주의 손으로 지으신 것을 버리지 마옵소서.

The LORD will fulfill his purpose for me; your love, O LORD, endures forever do not abandon the works of your hands.

stouthearted a.대담한 | preserve v.보호하다 | stretch v.뻗다 | abandon v.버리다

145편

주의 영광과 은혜에 대한 찬양

다윗이 가장 아끼는 이 145편은 감동적인 찬송시다. 이 시는 거의 모두 찬송으로 되어 있으며 영적인 깊은 소리로 부른다. 후세의 많은 음악가들도 이 찬송시에 영감을 받아 많은 찬양을 만들었다.

왕이었던 다윗은 항상 그 앞에 있는 하늘의 왕께 찬송을 드렸다. "왕이신 나의 하나님!"으로 시작하는 이 시는 영원히 그분만을 찬양하며 날마다 그 이름을 송축할 것을 고백한다. 이 시는 히브리 알파벳 순서에 따라 지은 답관체 시편들 중의 하나이며 시인의 탁월한 시적 기교와 구성이 돋보이는 시이기도 하다.

1 **I will exalt you, my God the King;**

왕이신 나의 하나님이여 내가 주를 높이고

I will exalt you, my God the King; **I will praise your name for ever and ever.**

왕이신 나의 하나님이여 내가 주를 높이고 영원히 주의 이름을 송축하리이다.

I will exalt you, my God the King; I will praise your name for ever and ever.

2 **Every day I will praise you**

내가 날마다 주를 송축하며

Every day I will praise you **and extol your name for ever and ever.**

내가 날마다 주를 송축하며 영원히 주의 이름을 송축하리이다.

Every day I will praise you and extol your name for ever and ever.

3 **Great is the LORD and most worthy of praise;**

여호와는 위대하시니 크게 찬양할 것이라.

Great is the LORD and most worthy of praise; **his greatness no one can fathom.**

여호와는 위대하시니 크게 찬양할 것이라. 그의 위대하심을 측량하지 못하리로다.

Great is the LORD and most worthy of praise; his greatness no one can fathom.

4 **One generation will commend your works to another;**

대대로 주께서 행하시는 일을 크게 찬양하며

One generation will commend your works to another; **they will tell of your mighty acts.**

대대로 주께서 행하시는 일을 크게 찬양하며 주의 능한 일을 선포하리로다.

One generation will commend your works to another; they will tell of your mighty acts.

5 **They will speak of the glorious splendor of your majesty,**

주의 존귀하고 영광스러운 위엄과 주의 기사를

They will speak of the glorious splendor of your majesty, **and I will meditate on your wonderful works.**
주의 존귀하고 영광스러운 위엄과 주의 기사를 나는 작은 소리로 읊조리리이다.

They will speak of the glorious splendor of your majesty, and I will meditate on your wonderful works.

6 **They will tell of the power of your awesome works,**
사람들은 주의 두려운 일의 세력을 말할 것이요

They will tell of the power of your awesome works, **and I will proclaim your great deeds.**
사람들은 주의 두려운 일의 세력을 말할 것이요 나도 주의 위대하심을 선포하리이다.

They will tell of the power of your awesome works, and I will proclaim your great deeds.

7 **They will celebrate your abundant goodness**
그들이 주의 크신 은혜를 기념하여 말하며

They will celebrate your abundant goodness **and joyfully sing of your righteousness.**
그들이 주의 크신 은혜를 기념하여 말하며 주의 의를 노래하리이다.

They will celebrate your abundant goodness and joyfully sing of your righteousness.

8 **The LORD is gracious and compassionate,**
여호와는 은혜로우시며 자비하시며

The LORD is gracious and compassionate, **slow to anger and rich in love.**
여호와는 은혜로우시며 자비하시며 노하기를 더디 하시며 인자하심이 크시도다.

The LORD is gracious and compassionate, slow to anger and rich in love.

9 **The LORD is good to all;**
여호와께서는 모든 것을 선대하시며

The LORD is good to all; **he has compassion on all he has made.**
여호와께서는 모든 것을 선대하시며 그 지으신 모든 것에 긍휼을 베푸시는도다.

The LORD is good to all; he has compassion on all he has made.

10 **All you have made will praise you, O LORD;**
여호와여 주께서 지으신 모든 것들이 주께 감사하며

All you have made will praise you, O LORD; **your saints will extol you.**
여호와여 주께서 지으신 모든 것들이 주께 감사하며 주의 성도들이 주를 송축하리이다.

All you have made will praise you, O LORD; your saints will extol you.

11 **They will tell of the glory of your kingdom**
그들이 주의 나라의 영광을 말하며

They will tell of the glory of your kingdom **and speak of your might,**

그들이 주의 나라의 영광을 말하며 주의 업적을 일러서

They will tell of the glory of your kingdom and speak of your might,

12 **so that all men may know of your mighty acts**

주의 업적을 인생들에게 알게 하리이다.

so that all men may know of your mighty acts **and the glorious splendor of your kingdom.**

주의 업적과 주의 나라의 위엄 있는 영광을 인생들에게 알게 하리이다.

so that all men may know of your mighty acts and the glorious splendor of your kingdom.

13 **Your kingdom is an everlasting kingdom,**

주의 나라는 영원한 나라이니

Your kingdom is an everlasting kingdom, **and your dominion endures through all generations.**

주의 나라는 영원한 나라이니 주의 통치는 대대에 이르리이다.

Your kingdom is an everlasting kingdom, and your dominion endures through all generations.

14 **The LORD upholds all those who fall**

여호와께서는 모든 넘어지는 자들을 붙드시며

The LORD upholds all those who fall **and lifts up all who are bowed down.**

여호와께서는 모든 넘어지는 자들을 붙드시며 비굴한 자들을 일으키시는도다.

The LORD upholds all those who fall and lifts up all who are bowed down.

15 **The eyes of all look to you,**
중생의 눈이 주를 앙망하오니

The eyes of all look to you, **and you give them their food at the proper time.**
중생의 눈이 주를 앙망하오니 주는 때를 따라 그들에게 먹을 것을 주시며

The eyes of all look to you, and you give them their food at the proper time.

16 **You open your hand**
손을 펴사

You open your hand **and satisfy the desires of every living thing.**
손을 펴사 모든 생물의 소원을 만족하게 하시나이다.

You open your hand and satisfy the desires of every living thing.

17 **The LORD is righteous in all his ways**
여호와께서는 그 모든 행위에 의로우시며

The LORD is righteous in all his ways **and loving toward all he has made.**
여호와께서는 그 모든 행위에 의로우시며 그 모든 일에 은혜로우시도다.

The LORD is righteous in all his ways and loving toward all he has made.

18 **The LORD is near to all who call on him,**
여호와께서는 자기에게 간구하는 모든 자에게 가까이 하시도다.

The LORD is near to all who call on him, **to all who call on him in truth.**
여호와께서는 자기에게 간구하는 모든 자 곧 진실하게 간구하는 모든 자에게 가까이 하시도다.

The LORD is near to all who call on him, to all who call on him in truth.

19 **He fulfills the desires of those who fear him;**
그는 자기를 경외하는 자들의 소원을 이루시며

He fulfills the desires of those who fear him; **he hears their cry and saves them.**
그는 자기를 경외하는 자들의 소원을 이루시며 또 그들의 부르짖음을 들으사 구원하시리로다.

He fulfills the desires of those who fear him; he hears their cry and saves them.

20 **The LORD watches over all who love him,**
여호와께서 자기를 사랑하는 자들은 다 보호하시고

The LORD watches over all who love him, **but all the wicked he will destroy.**
여호와께서 자기를 사랑하는 자들은 다 보호하시고 악인들은 다 멸하시리로다.

The LORD watches over all who love him, but all the wicked he will destroy.

21 **My mouth will speak in praise of the LORD.**
내 입이 여호와의 영예를 말하며

My mouth will speak in praise of the LORD. **Let every creature praise his holy name for ever and ever.**
내 입이 여호와의 영예를 말하며 모든 육체가 그의 거룩하신 이름을 영원히 송축할지로다.

My mouth will speak in praise of the LORD. Let every creature praise his holy name for ever and ever.

extol v.격찬하다 | fathom v.수심을 재다 | awesome a.경외심을 느끼게 하는 | abundant a.풍부한 | compassionate a.자비심 가득한, 인정 많은 | everlasting a.끝없는

Holy Bible

150편

호흡 있는 자의 찬양 대상이신 하나님

"시편의 마지막 다섯 편은 모두 '할렐루야'로 시작하고 끝난다! 즉 '하나님을 찬양할지어다'는 말로 시작하고 끝난다. 마지막 다섯 편의 시는 끝부분에 이르기까지 찬양, 사랑, 기쁨을 점진적으로 표현한다. 그러다가 마침내 마지막 부분에 이르러 절정을 노래하는 찬양이 나온다. 선택받은 영혼이요, 하나님의 상속자였던 시편 기자는 그분의 사랑을 '먹는' 자였다. 그는 본 시편에서 모든 구절을 '할렐루야'로 시작한다. 그가 구사하는 구

절은 매우 짧다. 그 이유는 그가 '할렐루야', 또다시 '할렐루야'라는 찬양을 서둘러 드리고 싶었기 때문이다. 그는 열정에 도취되어 숨을 헐떡이는 사람, 아니면 땅에서 일어나 하늘로 올라가기 위해 발뒤꿈치를 들어올리는 사람과 같다. 히브리어 원문에는 할렐루야라는 말이 가장 많이 반복되는 경우도 기껏해야 네 개다. 이것은 딱 한 번 등장한다. 다른 모든 부분에서 할렐루야라는 단어 사이에 등장하는 단어는 기껏해야 두 개 정도다. 시편 기자의 영혼은 일생 동안 오직 한마디의 말만 선포하고, 체험하려 했던 것처럼 보인다. 그 말은 바로 '할렐루야'다! '하나님을 찬양할지어다!' 또는 '그를 찬양할지어다!' '그를 찬양할지어다!' '그를 찬양할지어다!' 이 말은 여섯 절밖에 안 되는 본 시편 속에 열두 번이나 반복된다.

—존 펄스퍼드 John Pulsford《Quiet Hours》

1 **Praise the LORD. Praise God in his sanctuary;**

할렐루야 그의 성소에서 하나님을 찬양하며

Praise the LORD. Praise God in his sanctuary; **praise him in his mighty heavens.**

할렐루야 그의 성소에서 하나님을 찬양하며 그의 권능의 궁창에서 그를 찬양할지어다.

Praise the LORD. Praise God in his sanctuary; praise him in his mighty heavens.

2 **Praise him for his acts of power;**

그의 능하신 행동을 찬양하며

Praise him for his acts of power; **praise him for his surpassing greatness.**

그의 능하신 행동을 찬양하며 그의 지극히 위대하심을 좇아 찬양할지어다.

Praise him for his acts of power; praise him for his surpassing greatness.

3 **Praise him with the sounding of the trumpet,**
나팔 소리로 찬양하며

Praise him with the sounding of the trumpet, **praise him with the harp and lyre,**
나팔 소리로 찬양하며 비파와 수금으로 찬양할지어다.

Praise him with the sounding of the trumpet, praise him with the harp and lyre,

4 **praise him with tambourine and dancing,**
소고치며 춤 추어 찬양하며

praise him with tambourine and dancing, **praise him with the strings and flute,**
소고치며 춤 추어 찬양하며 현악과 퉁소로 찬양할지어다.

praise him with tambourine and dancing, praise him with the strings and flute,

5 **praise him with the clash of cymbals,**
큰 소리 나는 제금으로 찬양하며

praise him with the clash of cymbals, **praise him with resounding cymbals.**

큰 소리 나는 제금으로 찬양하며 높은 소리 나는 제금으로 찬양할지어다.

praise him with the clash of cymbals, praise him with resounding cymbals.

6 **Let everything that has breath praise the LORD.**
호흡이 있는 자마다 여호와를 찬양할지어다.

Let everything that has breath praise the LORD. **Praise the LORD.**
호흡이 있는 자마다 여호와를 찬양할지어다. 할렐루야

Let everything that has breath praise the LORD. Praise the LORD.

surpass v.보다 낫다 | lyre n.수금

PART 3

일주일 만에 세상에서 가장 긴 시 외우기

1장 세상에서 가장 긴 시, 시편 119편

나 자신이 이름 붙인 '세상에서 가장 긴 시'인 이 시편을 독자들이 끝까지 외우기를 부탁한다. 우리 자신이 이러한 놀라운 시를 지을 수는 없더라도 이 시를 하나님께 바친 시인의 마음으로 이 시를 외우면 똑같은 찬양을 올릴 수가 있다. 그것은 세상에서 받는 가장 큰 축복이 될 것이며 우리 영혼의 가장 큰 자산이 될 것이다.

하나님이 나의 아들들로 보내주신 아이들인 필립과 다니엘은 이 시편 119편을 영어로 외우는데 일주일이 걸렸다.

하나님의 축복을 받은 당신 역시 이 위대한 시를 일주일 만에 외워 더 큰 축복의 사람이 될 수 있다. 당신의 축복받은 두 손을 머리에 얹어 하나님의 지혜를 구하면 이 위대하고 놀라운 도전에 당신을 밀어 넣을 수 있다. 당신이 하나님의 능력으로 영어를 이기기를 원하기만 한다면 어느덧 당신도 이 세상을 사는 하나님께 속한 위대한 사람이 될 수 있다.

이름도 없는 시

이 시편에는 부제도 없으며, 저자의 이름도 언급되어 있지 않다. 하지만 이 시는 다윗의 시라고 보는 견해가 지배적이다. 이 시의 어조와 표현이 다윗과 비슷하고 그 속에 담긴 여러 가지 흥미로운 내용들은 다윗의 체험과 부합한다. 이것은 또한 '가장 긴 시편'인데 무려 176절이나 된다. 이것은 전체 시편 평균 길이의 약 22배가량이다. 단지 길이에 있어서뿐만 아니라, 그 폭넓은 사상과 깊은 의미, 그리고 하나님의 말씀에 대한 높은 열정에 있어서 탁월하다고 평가 받는다.

이 시편은 알파벳 답관체踏冠體이다. 여덟 행이 같은 히브리어 알파벳으로 시작되며, 그 다음 여덟 행 역시 다음 알파벳으로 시작된다. 그래서 이 시편 전체는 히브리어 알파벳 스물두 개의 각 글자마다 8행시로 이어져 있다.

이 시편의 주제를 한마디로 말한다면 그것은 여호와의 말씀이다. 이 시편의 주제에 관해 찰스 스펄전은 이렇게 정리했다.

"기자는 자신의 주제를 여러 가지 조명하에 비추어보며, 그것을 갖가지 방법으로 다루고 있다. 그는 매 절마다 여호와의 말씀을 빠트리지 않고 언급하되, 자신이 알고 있는 여러 가지 표현들로 말한다. 설령 직접적으로 언급하지 않는다고 해도, 그 주제는 여전히 매 행마다 진심으로 토로되고 있다. 이 놀라운 노래를 지은 자는 자신이 소유한 성경책에 깊이 몰입해 있었음에 분명하다. 앤드류 보나Andrew Bonar는, 성경을 세 차례 통독하며 묵상했던 어느 농가의 소박한 그리스도인에 관해 말한 적이 있다. 이 시편 기자 역시 그 사람과 같다. 그는 단순히 읽을 뿐만 아니라 깊이 묵상했다. 루터처럼 다윗은 하나님의 정원에 있는 실과나무마다 하나씩 흔들었으며, 거기서 황금 과일을 거두었다. 마틴 부스Martin Boos는 이렇게 말한다. "대부분의 사람들이 성경을 읽는 모습은, 두텁게 풀이 자란 초원 위에 서 있는 암소를 연상시킨다. 그 소는 아름다운 꽃들과 채소들을 발로 짓밟아버린다." 우리 역시 그렇게 되는 것을 두려워해야 한다. 영감받은 책을 그런 식으로 대한다는 것은 비참한 노릇이다. 이 고귀한 시편을 읽는 우리가 그러한 죄악을 거듭하지 않기를 간절히 기원하는 바이다."

첫째 날(1-24절)

첫째 날 만나는 시편 119편 중 스물네 절의 이 시는 여덟 절로 된 세연의 시로 이루어져 있다. 위에서도 말했지만 이 시편 119편은 각 연의 시작에 히브리어 알파벳 스물두 자가 차례대로 사용되었다.

첫 번째 여덟 절은 히브리어 알파벳의 첫 자인 'א-알렙'으로 시작한다. 여덟 절(1-8절)은 시편 1편에서 노래한 것과 같이 주의 말씀을 따라 행하는 자들이 얼마나 복이 있는가를 노래한다. 시인은 자신이 주의 말씀을 따라 삼갈 것을 의지적으로 노래한다. 두 번째 연(9절-16절)의 매 절은 히브리 알파벳의 두 번째 글자인 'ב-베드'로 시작한다. 이 부분의 주제는, '삶을 정결케 하는 것은 여호와의 율법'임을 노래한다. 이 연에서 핵심 단어로 쓰인 '깨끗케 하다'로 번역된 히브리어 단어 '주카흐'의 의미는, '순전해지다', '순전하게 만들다', 또는 '정결케 하다'이다. 히브리어 알파벳의 세 번째의 글자인 'ג-김멜'로 시작되는 세 번째 연(17절-24절)에서 시편 기자는 여호와의 도를 따르는 과정에서 만나게 되는 시련들을 분명히 인식하고 있으며, 따라서 자신의 답답한 상황을 해결해 주실 도움을 간구한다. 그는 자신이 주의 규례들을 얼마나 사모하는지를 오직 하나님께 호소한다.

자 이제 이 위대하고 고귀한 시를 우리의 간절한 입술로, 뜨거운 가슴으로 삼켜보자.

1 **Blessed are they whose ways are blameless,**
행위가 온전한 자들은 복이 있음이여

Blessed are they whose ways are blameless, **who walk according to the law of the LORD.**
행위가 온전하여 여호와의 율법을 따라 행하는 자들은 복이 있음이여

Blessed are they whose ways are blameless, who walk according to the law of the LORD.

2 **Blessed are they who keep his statutes**
여호와의 증거들을 지키는 자는 복이 있도다.

Blessed are they who keep his statutes **and seek him with all their heart.**
여호와의 증거들을 지키고 전심으로 여호와를 구하는 자는 복이 있도다.

Blessed are they who keep his statutes and seek him with all their heart.

3 **They do nothing wrong;**
참으로 그들은 불의를 행하지 아니하고

They do nothing wrong; **they walk in his ways.**
참으로 그들은 불의를 행하지 아니하고 주의 도를 행하는도다.

They do nothing wrong; they walk in his ways.

4 **You have laid down precepts**
주께서 명령하사

You have laid down precepts **that are to be fully obeyed.**
주께서 명령하사 주의 법도를 잘 지키게 하셨나이다.

You have laid down precepts that are to be fully obeyed.

5 **Oh, that my ways were steadfast**
내 길을 굳게 정하사

Oh, that my ways were steadfast **in obeying your decrees!**
내 길을 굳게 정하사 주의 율례를 지키게 하소서.

Oh, that my ways were steadfast in obeying your decrees!

6 **Then I would not be put to shame**
내가 부끄럽지 아니하리이다.

Then I would not be put to shame **when I consider all your commands.**
내가 주의 모든 계명에 주의할 때에는 부끄럽지 아니하리이다.

Then I would not be put to shame when I consider all your commands.

7 **I will praise you with an upright heart**
내가 정직한 마음으로 주께 감사하리이다.

I will praise you with an upright heart **as I learn your righteous laws.**
내가 주의 의로운 판단을 배울 때에는 정직한 마음으로 주께 감사하리이다.

I will praise you with an upright heart as I learn your righteous laws.

8 **I will obey your decrees;**
내가 주의 율례들을 지키오리니

I will obey your decrees; **do not utterly forsake me.**
내가 주의 율례들을 지키오리니 나를 아주 버리지 마옵소서.

I will obey your decrees; do not utterly forsake me.

9 **How can a young man keep his way pure?**
청년이 무엇으로 그의 행실을 깨끗하게 하리이까

How can a young man keep his way pure? **By living according to your word.**
청년이 무엇으로 그의 행실을 깨끗하게 하리이까 주의 말씀만 지킬 따름이니이다.

How can a young man keep his way pure? By living according to your word.

10 **I seek you with all my heart;**
내가 전심으로 주를 찾았사오니

I seek you with all my heart; **do not let me stray from your commands.**
내가 전심으로 주를 찾았사오니 주의 계명에서 떠나지 말게 하소서.

I seek you with all my heart; do not let me stray from your commands.

11 **I have hidden your word in my heart**
내가 주의 말씀에 내 마음에 두었나이다.

I have hidden your word in my heart **that I might not sin against you.**
내가 주께 범죄하지 아니하려 하여 주의 말씀에 내 마음에 두었나이다.

I have hidden your word in my heart that I might not sin against you.

12 **Praise be to you, O LORD;**
찬송을 받으실 주 여호와여

Praise be to you, O LORD; **teach me your decrees.**
찬송을 받으실 주 여호와여 주의 율례들을 내게 가르치소서.

Praise be to you, O LORD; teach me your decrees.

13 **With my lips I recount all the laws**
모든 규례들을 나의 입술로 선포하였으며

With my lips I recount all the laws **that come from your mouth.**
주의 입의 모든 규례들을 나의 입술로 선포하였으며

With my lips I recount all the laws that come from your mouth.

14 **I rejoice in following your statutes**
내가 주의 증거들의 도를 즐거워하였나이다.

I rejoice in following your statutes **as one rejoices in great riches.**
내가 모든 재물을 즐거워함 같이 주의 증거들의 도를 즐거워하였나이다.

I rejoice in following your statutes as one rejoices in great riches.

15 **I meditate on your precepts**

내가 주의 법도들을 작은 소리로 읊조리며

I meditate on your precepts **and consider your ways.**

내가 주의 법도들을 작은 소리로 읊조리며 주의 길들에 주의하며

I meditate on your precepts and consider your ways.

16 **I delight in your decrees;**

주의 율례들을 즐거워하며

I delight in your decrees; **I will not neglect your word.**

주의 율례들을 즐거워하며 주의 말씀을 잊지 아니하리이다.

I delight in your decrees; I will not neglect your word.

17 **Do good to your servant, and I will live;**

주의 종을 후대하여 살게 하소서

Do good to your servant, and I will live; **I will obey your word.**

주의 종을 후대하여 살게 하소서 그리하시면 주의 말씀을 지키리이다.

Do good to your servant, and I will live; I will obey your word.

18 **Open my eyes**

내 눈을 열어서

Open my eyes **that I may see wonderful things in your law.**

내 눈을 열어서 주의 율법에서 놀라운 것을 보게 하소서.

Open my eyes that I may see wonderful things in your law.

19 **I am a stranger on earth;**
나는 땅에서 나그네가 되었사오니

I am a stranger on earth; **do not hide your commands from me.**
나는 땅에서 나그네가 되었사오니 주의 계명들을 내게 숨기지 마소서.

I am a stranger on earth; do not hide your commands from me.

20 **My soul is consumed**
내 마음이 상하나이다.

My soul is consumed **with longing for your laws at all times.**
주의 규례들을 항상 사모함으로 내 마음이 상하나이다.

My soul is consumed with longing for your laws at all times.

21 **You rebuke the arrogant,**
교만한 자들을 주께서 꾸짖으셨나이다.

You rebuke the arrogant, **who are cursed and who stray from your commands.**
교만하여 저주를 받으며 주의 계명들에서 떠나는 자들을 주께서 꾸짖으셨나이다.

You rebuke the arrogant, who are cursed and who stray from your commands.

22 **Remove from me scorn and contempt,**
비방과 멸시를 내게서 떠나게 하소서.

Remove from me scorn and contempt, **for I keep your statutes.**
내가 주의 증거들을 지켰사오니 비방과 멸시를 내게서 떠나게 하소서.

Remove from me scorn and contempt, for I keep your statutes.

23 **Though rulers sit together and slander me,**
고관들도 앉아서 나를 비방하였사오나

Though rulers sit together and slander me, **your servant will meditate on your decrees.**
고관들도 앉아서 나를 비방하였사오나 주의 종은 주의 율례들을 작은 소리로 읊조렸나이다.

Though rulers sit together and slander me, your servant will meditate on your decrees.

24 **Your statutes are my delight;**
주의 증거들은 나의 즐거움이요

Your statutes are my delight; **they are my counselors.**
주의 증거들은 나의 즐거움이요 나의 충고자니이다.

Your statutes are my delight; they are my counselors.

blameless a.흠 없는 | steadfast a.충실한 | utterly ad.철저하게 | stray v.길을 잃다 | recount v.이야기하다 | neglect v.무시하다, 얕보다 | longing n.갈망 | rebuke v.꾸짖다 | curse n.저주 | scorn n.멸시, 경멸

둘째 날(25-48절)

네 번째 연(25-32절)인 이 시에서 시인은 자신의 극한 고난을 '나의 영혼이 진토에 붙었음'으로 표현하고 또한 자신의 영혼이 '눌림으로 녹아가고 있음'을 말한다. 하지만 그는 그 고난 가운데 하나님의 말씀을 얼마나 의지하고 사랑하고 있는지 '주의 증거들에 매달렸다'고 고백한다. 그는 자신을 살리는 것이 주의 말씀이며 그는 죽을힘을 다해 주의 말씀을 사랑한다고 노래한다. 다섯 째 연(33-40절)에서 시인은 자신이 하나님의 말씀을 사랑함에 있어 주께서 그로 하여금 더욱 그 말씀을 잘 깨닫고 사랑하며 더욱 더 그 말씀에 매달릴 수 있도록 도움을 간구한다. 우리 역시 그분께 우리가 주의 말씀을 사랑하며 소중히 여길 수 있도록 무릎을 꿇어야 할 것이다. 여섯째 연(41-48절)에서의 시인은 하나님께 그 말씀을 항상 그리고 영원히 지키겠다고 고백하며 두 손을 들고 항상 그 말씀을 읊조리겠다고 약속한다. 거장들의 삶이 이렇게 말씀을 소중히 여기는 것이었음에 나는 감동한다.

자, 이제 두 번째 날 축복의 말씀에 기쁨으로 뛰어 들자.

25 **I am laid low in the dust;**
내 영혼이 진토에 붙었사오니

I am laid low in the dust; **preserve my life according to your word.**
내 영혼이 진토에 붙었사오니 주의 말씀대로 나를 살아나게 하소서.

I am laid low in the dust; preserve my life according to your word.

26 **I recounted my ways and you answered me;**
내가 나의 행위를 아뢰매 주께서 내게 응답하셨사오니

I recounted my ways and you answered me; **teach me your decrees.**
내가 나의 행위를 아뢰매 주께서 내게 응답하셨사오니 주의 율례들을 내게 가르치소서.

I recounted my ways and you answered me; teach me your decrees.

27 **Let me understand the teaching of your precepts;**
나로 주의 법도의 길을 깨닫게 하여 주소서

Let me understand the teaching of your precepts; **then I will meditate on your wonders.**
나로 주의 법도의 길을 깨닫게 하여 주소서 그리하시면 내가 주의 기이한 일들을 작은 소리로 읊조리이다.

Let me understand the teaching of your precepts; then I will meditate on your wonders.

28 **My soul is weary with sorrow;**
나의 영혼이 눌림으로 말미암아 녹사오니

My soul is weary with sorrow; **strengthen me according to your word.**
나의 영혼이 눌림으로 말미암아 녹사오니 주의 말씀대로 나를 세우소서.

My soul is weary with sorrow; strengthen me according to your word.

29 **Keep me from deceitful ways;**
거짓 행위를 내게서 떠나게 하시고

Keep me from deceitful ways; **be gracious to me through your law.**
거짓 행위를 내게서 떠나게 하시고 주의 법을 내게 은혜로이 베푸소서.

Keep me from deceitful ways; be gracious to me through your law.

30 **I have chosen the way of truth;**
내가 성실한 길을 택하고

I have chosen the way of truth; **I have set my heart on your laws.**
내가 성실한 길을 택하고 주의 규례들을 내 앞에 두었나이다.

I have chosen the way of truth; I have set my heart on your laws.

31 **I hold fast to your statutes,**
내가 주의 증거들에 매달렸사오니

I hold fast to your statutes, **O LORD; do not let me be put to shame.**
내가 주의 증거들에 매달렸사오니 여호와여 내가 수치를 당하지 말게 하소서.

I hold fast to your statutes, O LORD; do not let me be put to shame.

32 **I run in the path of your commands,**
내가 주의 계명들의 길로 달려 가리이다.

I run in the path of your commands, **for you have set my heart free.**
주께서 내 마음을 넓히시면 내가 주의 계명들의 길로 달려 가리이다.

I run in the path of your commands, for you have set my heart free.

33 **Teach me, O LORD, to follow your decrees;**
여호와여 주의 율례들의 도를 내게 가르치소서

Teach me, O LORD, to follow your decrees; **then I will keep them to the end.**
여호와여 주의 율례들의 도를 내게 가르치소서 내가 끝까지 지키리이다.

Teach me, O LORD, to follow your decrees; then I will keep them to the end.

34 **Give me understanding,**
나로 하여금 깨닫게 하소서

Give me understanding, **and I will keep your law**
나로 하여금 깨닫게 하소서 내가 주의 법을 준행하며

Give me understanding, and I will keep your law **and obey it with all my heart.**
나로 하여금 깨닫게 하소서 내가 주의 법을 준행하며 전심으로 지키리이다.

Give me understanding, and I will keep your law and obey it with all my heart.

35 **Direct me in the path of your commands,**
나로 하여금 주의 계명들의 길로 행하게 하소서

Direct me in the path of your commands, **for there I find delight.**
나로 하여금 주의 계명들의 길로 행하게 하소서 내가 이를 즐거워함이니이다.

Direct me in the path of your commands, for there I find delight.

36 **Turn my heart toward your statutes**
내 마음을 주의 증거들에게 향하게 하시고

Turn my heart toward your statutes **and not toward selfish gain.**
내 마음을 주의 증거들에게 향하게 하시고 탐욕으로 향하지 말게 하소서.

Turn my heart toward your statutes and not toward selfish gain.

37 **Turn my eyes away from worthless things;**
내 눈을 돌이켜 허탄한 것을 보지 말게 하시고

Turn my eyes away from worthless things; **preserve my life according to your word.**
내 눈을 돌이켜 허탄한 것을 보지 말게 하시고 주의 길에서 나를 살아나게 하소서.

Turn my eyes away from worthless things; preserve my life according to your word.

38 **Fulfill your promise to your servant,**
주의 말씀을 주의 종에게 세우소서.

Fulfill your promise to your servant, **so that you may be feared.**
주를 경외하게 하는 주의 말씀을 주의 종에게 세우소서.

Fulfill your promise to your servant, so that you may be feared.

39 **Take away the disgrace I dread,**
내가 두려워하는 비방을 내게서 떠나게 하소서

Take away the disgrace I dread, **for your laws are good.**
내가 두려워하는 비방을 내게서 떠나게 하소서 주의 규례들은 선하심이니이다.

Take away the disgrace I dread, for your laws are good.

40 **How I long for your precepts!**
내가 주의 법도들을 사모하였사오니

How I long for your precepts! **Preserve my life in your righteousness.**
내가 주의 법도들을 사모하였사오니 주의 의로 나를 살아나게 하소서.

How I long for your precepts! Preserve my life in your righteousness.

41 **May your unfailing love come to me, O LORD,**
여호와여 주의 인자하심을 내게 임하게 하소서.

May your unfailing love come to me, O LORD, **your salvation according to your promise;**
여호와여 주의 말씀대로 주의 인자하심과 주의 구원을 내게 임하게 하소서.

May your unfailing love come to me, O LORD, your salvation according to your promise;

42 **then I will answer the one who taunts me,**
그리하시면 내가 나를 비방하는 자들에게 대답할 말이 있사오리니

then I will answer the one who taunts me, **for I trust in your word.**

그리하시면 내가 나를 비방하는 자들에게 대답할 말이 있사오리니 **내가 주의 말씀을 의지함이니이다.**

then I will answer the one who taunts me, for I trust in your word.

43 **Do not snatch the word of truth from my mouth,**
진리의 말씀이 내 입에서 조금도 떠나지 말게 하소서

Do not snatch the word of truth from my mouth, **for I have put my hope in your laws.**
진리의 말씀이 내 입에서 조금도 떠나지 말게 하소서 **내가 주의 규례를 바랐음이니이다.**

Do not snatch the word of truth from my mouth, for I have put my hope in your laws.

44 **I will always obey your law,**
내가 주의 율법을 지키리이다.

I will always obey your law, **for ever and ever.**
내가 주의 율법을 **항상** 지키리이다.

I will always obey your law, for ever and ever.

45 **I will walk about in freedom,**
내가 자유롭게 걸어갈 것이오며

I will walk about in freedom, **for I have sought out your precepts.**
내가 **주의 법도를 구하였사오니** 자유롭게 걸어갈 것이오며

I will walk about in freedom, for I have sought out your precepts.

46 **I will speak of your statutes before kings**
또 왕들 앞에서 주의 교훈들을 말할 때에

I will speak of your statutes before kings **and will not be put to shame,**
또 왕들 앞에서 주의 교훈들을 말할 때에 수치를 당하지 아니하겠사오며

I will speak of your statutes before kings and will not be put to shame,

47 **for I delight in your commands**
내가 주의 계명들을 스스로 즐거워하며

for I delight in your commands **because I love them.**
내가 사랑하는 주의 계명들을 스스로 즐거워하며

for I delight in your commands because I love them.

48 **I lift up my hands to your commands, which I love,**
또 내가 사랑하는 주의 계명들을 향하여 내 손을 들고

I lift up my hands to your commands, which I love, **and I meditate on your decrees.**
또 내가 사랑하는 주의 계명들을 향하여 내 손을 들고 주의 율례들을 작은 소리로 읊조리리이다.

I lift up my hands to your commands, which I love, and I meditate on your decrees.

preserve v.보호하다 | recount v.(상세히) 말하다 | weary a.싫증난 | fulfill v.이행하다 | taunt v.꾸짖다. 악담하다 | snatch v.낚아채다

셋째 날(4절-72절)

일곱째 연(49-56절)에서 시인은 주의 말씀이 자신을 고난 가운데서 건지셨음을 노래한다. 주의 말씀이 그에게 소망을 갖게 했으며 그 말씀이 고난 중의 위로였다고 노래한다. 아울러 그의 대적들이 말씀만을 의지하는 그를 심히 조롱하였지만 자신은 그 말씀을 떠나지 않았음을 고백하며 자신이 그 말씀을 지킨 그 사실이 그의 재산이었다고 말한다.

여덟째 연(57-64절)에서 그는 주의 계명을 지체하지 않고 신속히 지켰음을 말하고 그 말씀으로 인해 밤중에도 일어나 감사했음을 고백한다. 또한 그는 주를 경외하는 자들과 주의 법도를 지키는 자들과 함께 친구가 되었음을 노래한다. 시편 1편에서도 노래했듯이 그는 악인의 꾀를 좇지 않고 죄인의 길에 서지 아니하며 오만한 자의 자리에 앉지 아니하고 오로지 주의 말씀을 읊조리는 자들과 함께 했음을 다시 고백한다.

아홉째 연(65-72절)에서도 그는 주의 말씀이 그의 기쁨임을 노래한다. "나는 주의 법을 즐거워하나이다(70절)", "주의 법이 내게는 천천 금은보다 좋으니이다(7절)"

우리도 그 시인의 가슴으로 이 아름다운 노래들을 기쁨으로 읊조리자.

49 **Remember your word to your servant,**

주의 종에게 하신 말씀을 기억하소서

Remember your word to your servant, **for you have given me hope.**
주의 종에게 하신 말씀을 기억하소서 주께서 내게 소망을 가지게 하셨나이다.

Remember your word to your servant, for you have given me hope.

50 **My comfort in my suffering is this:**
이 말씀은 나의 고난 중의 위로라

My comfort in my suffering is this: **Your promise preserves my life.**
이 말씀은 나의 고난 중의 위로라 주의 말씀이 나를 살리셨음이니이다.

My comfort in my suffering is this: Your promise preserves my life.

51 **The arrogant mock me without restraint,**
교만한 자들이 나를 심히 조롱하였어도

The arrogant mock me without restraint, **but I do not turn from your law.**
교만한 자들이 나를 심히 조롱하였어도 나는 주의 법을 떠나지 아니하였나이다.

The arrogant mock me without restraint, but I do not turn from your law.

52 **I remember your ancient laws, O LORD,**
여호와여 주의 옛 규례들을 내가 기억하고

I remember your ancient laws, O LORD, **and I find comfort in them.**
여호와여 주의 옛 규례들을 내가 기억하고 스스로 위로하였나이다.

I remember your ancient laws, O LORD, and I find comfort in them.

53 **Indignation grips me because of the wicked,**
악인들로 말미암아 내가 맹렬한 분노에 사로잡혔나이다.

Indignation grips me because of the wicked, **who have forsaken your law.**
주의 율법을 버린 악인들로 말미암아 내가 맹렬한 분노에 사로잡혔나이다.

Indignation grips me because of the wicked, who have forsaken your law.

54 **Your decrees are the theme of my song**
주의 율례들이 나의 노래가 되었나이다.

Your decrees are the theme of my song **wherever I lodge.**
내가 나그네 된 집에서 주의 율례들이 나의 노래가 되었나이다.

Your decrees are the theme of my song wherever I lodge.

55 **In the night I remember your name, O LORD,**
여호와여 내가 밤에 주의 이름을 기억하고

In the night I remember your name, O LORD, **and I will keep your law.**
여호와여 내가 밤에 주의 이름을 기억하고 주의 법을 지켰나이다.

In the night I remember your name, O LORD, and I will keep your law.

56 **This has been my practice:**
내 소유는 이것이니

This has been my practice: **I obey your precepts.**
내 소유는 이것이니 곧 주의 법도들을 지킨 것이니이다.

This has been my practice: I obey your precepts.

57 **You are my portion, O LORD;**
여호와는 나의 분깃이시니

You are my portion, O LORD; **I have promised to obey your words.**
여호와는 나의 분깃이시니 나는 주의 말씀을 지키리라 하였나이다.

You are my portion, O LORD; I have promised to obey your words.

58 **I have sought your face with all my heart;**
내가 전심으로 주께 간구하였사오니

I have sought your face with all my heart; **be gracious to me according to your promise.**
내가 전심으로 주께 간구하였사오니 주의 말씀대로 내게 은혜를 베푸소서.

I have sought your face with all my heart; be gracious to me according to your promise.

59 **I have considered my ways**
내가 내 행위를 생각하고

I have considered my ways **and have turned my steps to your statutes.**
내가 내 행위를 생각하고 주의 증거들을 향하여 내 발길을 돌이켰사오며

I have considered my ways and have turned my steps to your statutes.

60 **I will hasten and not delay**
내가 신속히 하고 지체하지 아니하였나이다.

I will hasten and not delay **to obey your commands.**
내가 주의 계명들을 지키기에 신속히 하고 지체하지 아니하였나이다.

I will hasten and not delay to obey your commands.

61 **Though the wicked bind me with ropes,**
악인들의 줄이 내게 두루 얽혔을지라도

Though the wicked bind me with ropes, **I will not forget your law.**
악인들의 줄이 내게 두루 얽혔을지라도 나는 주의 법을 잊지 아니하였나이다.

Though the wicked bind me with ropes, I will not forget your law.

62 **At midnight I rise to give you thanks**
내가 밤중에 일어나 주께 감사하리이다.

At midnight I rise to give you thanks **for your righteous laws.**
내가 주의 의로운 규례들로 말미암아 밤중에 일어나 주께 감사하리이다.

At midnight I rise to give you thanks for your righteous laws.

63 **I am a friend to all who fear you,**
나는 주를 경외하는 모든 자들의 친구라.

I am a friend to all who fear you, **to all who follow your precepts.**
나는 주를 경외하는 모든 자들과 주의 법도들을 지키는 자들의 친구라.

I am a friend to all who fear you, to all who follow your precepts.

64 **The earth is filled with your love, O LORD;**
여호와여 주의 인자하심이 땅에 충만하였사오니

The earth is filled with your love, O LORD; **teach me your decrees.**
여호와여 주의 인자하심이 땅에 충만하였사오니 주의 율례들로 나를 가르치소서.

The earth is filled with your love, O LORD; teach me your decrees.

65 **Do good to your servant**
주의 종을 선대하셨나이다.

Do good to your servant **according to your word, O LORD.**
여호와여 주의 말씀대로 주의 종을 선대하셨나이다.

Do good to your servant according to your word, O LORD.

66 **Teach me knowledge and good judgment,**
좋은 명철과 지식을 내게 가르치소서.

Teach me knowledge and good judgment, **for I believe in your commands.**
내가 주의 계명들을 믿었사오니 좋은 명철과 지식을 내게 가르치소서.

Teach me knowledge and good judgment, for I believe in your commands.

67 **Before I was afflicted I went astray,**
고난 당하기전에는 내가 그릇 행하였더니

Before I was afflicted I went astray, **but now I obey your word.**
고난 당하기전에는 내가 그릇 행하였더니 이제는 주의 말씀을 지키나이다.

Before I was afflicted I went astray, but now I obey your word.

68 **You are good, and what you do is good;**
주는 선하사 선을 행하시오니

You are good, and what you do is good; **teach me your decrees.**
주는 선하사 선을 행하시오니 주의 율례들로 나를 가르치소서.

You are good, and what you do is good; teach me your decrees.

69 **Though the arrogant have smeared me with lies,**
교만한 자들이 거짓을 지어 나를 치려 하였사오나

Though the arrogant have smeared me with lies, **I keep your precepts with all my heart.**
교만한 자들이 거짓을 지어 나를 치려 하였사오나 나는 전심으로 주의 법도를 지키리이다.

Though the arrogant have smeared me with lies, I keep your precepts with all my heart.

70 **Their hearts are callous and unfeeling,**

그들의 마음은 살져서 기름덩이 같으나

Their hearts are callous and unfeeling, **but I delight in your law.**

그들의 마음은 살져서 기름덩이 같으나 나는 주의 법을 즐거워하나이다.

Their hearts are callous and unfeeling, but I delight in your law.

71 **It was good for me to be afflicted**

고난 당한 것이 내게 유익이라

It was good for me to be afflicted **so that I might learn your decrees.**

고난 당한 것이 내게 유익이라 이로 말미암아 내가 주의 율례들을 배우게 되었나이다.

It was good for me to be afflicted so that I might learn your decrees.

72 **The law from your mouth is more precious to me**

주의 입의 법이 내게는 더 좋으니이다.

The law from your mouth is more precious to me **than thousands of pieces of silver and gold.**

주의 입의 법이 내게는 천천 금은보다 좋으니이다.

The law from your mouth is more precious to me than thousands of pieces of silver and gold.

restraint n.억제, 제지 | indignation n.분노 | grip v.꼭 잡다 | lodge v.묵다, 체류하다 | portion n.분깃, 몫 | rope n.끈 | afflict v.괴롭히다 | smear v.칠하다, 더럽히다

넷째 날(73-96절)

열 번째 연(73-80절)에서도 시인은 험한 세상 가운데서도 그가 할일은 오로지 주의 말씀을 읊조리는 것이라고 고백하기를 마다하지않는다. 열한 번째 연(81-88절)에서 시인은 자신의 고난으로 인하여 거의 멸망한 지경에 이르렀으나 그가 의지하는 것은 여전히 주의 말씀임을 고백한다. 그는 고난으로 인해 그의 삶이 힘겹지만 그럴수록 의지적으로 주의 말씀을 붙든다고 힘주어 말한다. 열두 번째 연(89-96절)에서 그는 주의 말씀이 완전하심을 고백한다. 세상의 완전한 것들이 다 끝이 있지만 주의 말씀이야 말로 영원함을 노래함으로 자신의 연약함을 주께 의지한다. 그는 절망 가운데서 주의 말씀의 완전함에 의지하여 위로를 받고 힘을 낸다.

73 **Your hands made me and formed me;**
주의 손이 나를 만들고 세우셨사오니

Your hands made me and formed me; **give me understanding to learn your commands.**
주의 손이 나를 만들고 세우셨사오니 내가 깨달아 주의 계명들을 배우게 하소서.

Your hands made me and formed me; give me understanding to learn your commands.

74 **May those who fear you rejoice when they see me,**
주를 경외하는 자들이 나를 보고 기뻐하는 것은

May those who fear you rejoice when they see me, **for I have put my hope in your word.**
주를 경외하는 자들이 나를 보고 기뻐하는 것은 내가 주의 말씀을 바라는 까닭이니이다.

May those who fear you rejoice when they see me, for I have put my hope in your word.

75 **I know, O LORD, that your laws are righteous,**
여호와여 내가 알거니와 주의 판단은 의로우시고

I know, O LORD, that your laws are righteous, **and in faithfulness you have afflicted me.**
여호와여 내가 알거니와 주의 판단은 의로우시고 주께서 나를 괴롭게 하심은 성실하심 때문이니이다.

I know, O LORD, that your laws are righteous, and in faithfulness you have afflicted me.

76 **May your unfailing love be my comfort,**
구하오니 주의 인자하심이 나의 위안이 되게 하시며

May your unfailing love be my comfort, **according to your promise to your servant.**
구하오니 주의 종에게 하신 말씀대로 주의 인자하심이 나의 위안이 되게 하시며

May your unfailing love be my comfort, according to your promise to your servant.

77 **Let your compassion come to me that I may live,**
주의 긍휼히 여기심이 내게 임하사 내가 살게 하소서

Let your compassion come to me that I may live, **for your law is my**

delight.
주의 긍휼히 여기심이 내게 임하사 내가 살게 하소서 주의 법은 나의 즐거움이니이다.

Let your compassion come to me that I may live, for your law is my delight.

78 **May the arrogant be put to shame for wronging me without cause;**
교만한 자들이 거짓으로 나를 엎드러뜨렸으니 그들이 수치를 당하게 하소서

May the arrogant be put to shame for wronging me without cause; **but I will meditate on your precepts.**
교만한 자들이 거짓으로 나를 엎드러뜨렸으니 그들이 수치를 당하게 하소서 나는 주의 법도들을 작은 소리로 읊조리리이다.

May the arrogant be put to shame for wronging me without cause; but I will meditate on your precepts.

79 **May those who fear you turn to me,**
주를 경외하는 자들이 내게 돌아오게 하소서

May those who fear you turn to me, **those who understand your statutes.**
주를 경외하는 자들이 내게 돌아오게 하소서 그리하시면 그들이 주의 증거들을 알리이다.

May those who fear you turn to me, those who understand your statutes.

80 **May my heart be blameless toward your decrees,**
내 마음으로 주의 율례들에 완전하게 하사

May my heart be blameless toward your decrees, **that I may not be put to shame.**
내 마음으로 주의 율례들에 완전하게 하사 내가 수치를 당하지 아니하게 하소서.

May my heart be blameless toward your decrees, that I may not be put to shame.

81 **My soul faints with longing for your salvation,**
나의 영혼이 주의 구원을 사모하기에 피곤하오나

My soul faints with longing for your salvation, **but I have put my hope in your word.**
나의 영혼이 주의 구원을 사모하기에 피곤하오나 나는 주의 말씀을 바라나이다.

My soul faints with longing for your salvation, but I have put my hope in your word.

82 **My eyes fail, looking for your promise;**
내 눈이 주의 말씀을 바라기에 피곤하니이다.

My eyes fail, looking for your promise; **I say, "When will you comfort me?"**
나의 말이 주께서 언제나 나를 안위하실까 하면서 내 눈이 주의 말씀을 바라기에 피곤하니이다.

My eyes fail, looking for your promise; I say, "When will you comfort me?"

83 **Though I am like a wineskin in the smoke,**
내가 연기속의 가죽 부대 같이 되었으나

Though I am like a wineskin in the smoke, **I do not forget your decrees.**

내가 연기속의 가죽 부대 같이 되었으나 주의 율례들을 잊지 아니하나이다.

Though I am like a wineskin in the smoke, I do not forget your decrees.

84 **How long must your servant wait?**

주의 종의 날이 얼마나 되나이까

How long must your servant wait? **When will you punish my persecutors?**

주의 종의 날이 얼마나 되나이까 나를 핍박하는 자들을 주께서 언제나 심판하시리이까

How long must your servant wait? When will you punish my persecutors?

85 **The arrogant dig pitfalls for me,**

교만한 자들이 나를 해하려고 웅덩이를 팠나이다.

The arrogant dig pitfalls for me, **contrary to your law.**

주의 법을 따르지 아니하는 교만한 자들이 나를 해하려고 웅덩이를 팠나이다.

The arrogant dig pitfalls for me, contrary to your law.

86 **All your commands are trustworthy;**

주의 모든 계명들은 신실하니이다.

All your commands are trustworthy; **help me, for men persecute**

me without cause.

주의 모든 계명들은 신실하니이다. 그들이 이유 없이 나를 핍박하오니 나를 도우소서.

All your commands are trustworthy; help me, for men persecute me without cause.

87 **They almost wiped me from the earth,**

그들이 나를 세상에서 거의 멸하였으나

They almost wiped me from the earth, **but I have not forsaken your precepts.**

그들이 나를 세상에서 거의 멸하였으나 나는 주의 법도를 버리지 아니하였사오니

They almost wiped me from the earth, but I have not forsaken your precepts.

88 **Preserve my life according to your love,**

주의 인자하심을 따라 나를 살아나게 하소서

Preserve my life according to your love, **and I will obey the statutes of your mouth.**

주의 인자하심을 따라 나를 살아나게 하소서 그리하시면 주의 입의 교훈들을 내가 지키리이다.

Preserve my life according to your love, and I will obey the statutes of your mouth.

89 **Your word, O LORD, is eternal;**

여호와여 주의 말씀은 영원히

Your word, O LORD, is eternal; **it stands firm in the heavens.**
여호와여 주의 말씀은 영원히 하늘에 굳게 섰사오며

Your word, O LORD, is eternal; it stands firm in the heavens.

90 **Your faithfulness continues through all generations;**
주의 성실하심은 대대에 이르나이다.

Your faithfulness continues through all generations; **you established the earth, and it endures.**
주의 성실하심은 대대에 이르나이다. 주께서 땅을 세우셨으므로 땅이 항상 있사오니

Your faithfulness continues through all generations; you established the earth, and it endures.

91 **Your laws endure to this day,**
천지가 주의 규례들대로 오늘까지 있음은

Your laws endure to this day, **for all things serve you.**
천지가 주의 규례들대로 오늘까지 있음은 만물이 주의 종이 된 까닭이니이다.

Your laws endure to this day, for all things serve you.

92 **If your law had not been my delight,**
주의 법이 나의 즐거움이 되지 아니하였더면

If your law had not been my delight, **I would have perished in my affliction.**
주의 법이 나의 즐거움이 되지 아니하였더면 내가 내 고난 중에 멸망하였으리이다.

If your law had not been my delight, I would have perished in my affliction.

93 **I will never forget your precepts,**
내가 주의 법도들을 영원히 잊지 아니하오니

I will never forget your precepts, **for by them you have preserved my life.**
내가 주의 법도들을 영원히 잊지 아니하오니 주께서 이것들 때문에 나를 살게 하심이니이다.

I will never forget your precepts, for by them you have preserved my life.

94 **Save me, for I am yours;**
나는 주의 것이오니 나를 구원 하소서

Save me, for I am yours; **I have sought out your precepts.**
나는 주의 것이오니 나를 구원 하소서 내가 주의 법도들만을 찾았나이다.

Save me, for I am yours; I have sought out your precepts.

95 **The wicked are waiting to destroy me,**
악인들이 나를 멸하려고 엿보오나

The wicked are waiting to destroy me, **but I will ponder your statutes.**
악인들이 나를 멸하려고 엿보오나 나는 주의 증거들만을 생각하겠나이다.

The wicked are waiting to destroy me, but I will ponder your statutes.

96 To all perfection I see a limit;

내가 보니 모든 완전한 것이 다 끝이 있어도

To all perfection I see a limit; **but your commands are boundless.**
내가 보니 모든 완전한 것이 다 끝이 있어도 주의 계명들은 심히 넓으니이다.

To all perfection I see a limit; but your commands are boundless.

afflict | v.괴롭히다 | comfort n.위로 위안 | compassion n.동정, 연민, 긍휼 | faint v.약해지다 | wineskin n.가죽부대 | smoke n.연기 | persecutor n.박해자 | pitfall n.함정 | wipe v.제거하다

다섯째 날(97-120절)

열세 번째 연(97-104절)에서 그는 자신이 주의 말씀을 지킴으로 인해 이 세상에서 강한 자가 됐음을 노래한다. 주의 계명과 항상 함께 함으로 자신들의 원수보다 지혜로우며, 주의 증거들을 늘 읊조리고 법도를 지키므로 그의 명철함이 스승들보다 나으며, 노인들 보다 나음을 확신한다. 그래서 그는 종일 그 법을 작은 소리로 읊조린다고 고백한다. 열네 번째 연(105-112절)에서 그는 주의 말씀이야 말로 그 발에 등이고 그 길에 빛임을 노래한다. 그는 그의 입으로 제물을 드린다고 고백하는 데 그것이 곧 그 말씀을 읊조리는 것이라고 나는 기쁘게 확신한다.

열다섯 번째 연(113-120절)에서 주의 말씀을 사랑하는 자는 세상의 악인들과 구별됨을 말하고 그 자신을 의지적으로 세상과 구별시킨다. 그렇다. 주의 말씀을 사랑하는 자들은 하늘에 속한 사람들이며 이 세상과 구별된 자들이다. 주의 말씀이 우리를 세상으로부터 구원시키신다.

97 **Oh, how I love your law!**
내가 주의 법을 어찌 그리 사랑하는지요

Oh, how I love your law! **I meditate on it all day long.**
내가 주의 법을 어찌 그리 사랑하는지요 내가 그것을 종일 작은 소리로 읊조리나이다.

Oh, how I love your law! I meditate on it all day long.

98 **Your commands make me wiser than my enemies,**
주의 계명들이 나를 원수보다 지혜롭게 하나이다.

Your commands make me wiser than my enemies, **for they are ever with me.**
주의 계명들이 항상 나와 함께 하므로 그것들이 나를 원수보다 지혜롭게 하나이다.

Your commands make me wiser than my enemies, for they are ever with me.

99 **I have more insight than all my teachers,**
나의 명철함이 나의 모든 스승보다 나으며

I have more insight than all my teachers, **for I meditate on your statutes.**
내가 주의 증거들을 늘 읊조리므로 나의 명철함이 나의 모든 스승보다 나으며

I have more insight than all my teachers, for I meditate on your statutes.

100 **I have more understanding than the elders,**
나의 명철함이 노인보다 나으니이다.

I have more understanding than the elders, **for I obey your precepts.**
주의 법도들을 지키므로 나의 명철함이 노인보다 나으니이다.

I have more understanding than the elders, for I obey your precepts.

101 **I have kept my feet from every evil path**
발을 금하여 모든 악한 길로 가지 아니하였사오며

I have kept my feet from every evil path **so that I might obey your word.**
내가 주의 말씀을 지키려고 발을 금하여 모든 악한 길로 가지 아니하였사오며

I have kept my feet from every evil path so that I might obey your word.

102 **I have not departed from your laws,**
내가 주의 규례들에서 떠나지 아니하였나이다.

I have not departed from your laws, **for you yourself have taught me.**
주께서 나를 가르치셨으므로 내가 주의 규례들에서 떠나지 아니하였나이다.

I have not departed from your laws, for you yourself have taught me.

103 **How sweet are your words to my taste,**
주의 말씀의 맛이 내게 어찌 그리 단지요

How sweet are your words to my taste, **sweeter than honey to my**

mouth!
주의 말씀의 맛이 내게 어찌 그리 단지요 내 입에 꿀보다 더 다니이다.

How sweet are your words to my taste, sweeter than honey to my mouth!

104 **I gain understanding from your precepts;**
주의 법도들로 말미암아 내가 명철하게 되었으므로

I gain understanding from your precepts; **therefore I hate every wrong path.**
주의 법도들로 말미암아 내가 명철하게 되었으므로 모든 거짓 행위를 미워하나이다.

I gain understanding from your precepts; therefore I hate every wrong path.

105 **Your word is a lamp to my feet**
주의 말씀은 내 발에 등이요

Your word is a lamp to my feet **and a light for my path.**
주의 말씀은 내 발에 등이요 내 길에 빛이니이다.

Your word is a lamp to my feet and a light for my path.

106 **I have taken an oath and confirmed it,**
내가 맹세하고 굳게 정하였나이다.

I have taken an oath and confirmed it, **that I will follow your righteous laws.**
내가 주의 의로운 규례들을 지키기로 맹세하고 굳게 정하였나이다.

I have taken an oath and confirmed it, that I will follow your righteous laws.

107 **I have suffered much;**
나의 고난이 매우 심하오니

I have suffered much; **preserve my life, O LORD, according to your word.**
나의 고난이 매우 심하오니 여호와여 주의 말씀대로 나를 살아나게 하소서.

I have suffered much; preserve my life, O LORD, according to your word.

108 **Accept, O LORD, the willing praise of my mouth,**
여호와여 구하오니 내 입이 드리는 자원제물을 받으시고

Accept, O LORD, the willing praise of my mouth, **and teach me your laws.**
여호와여 구하오니 내 입이 드리는 자원제물을 받으시고 주의 공의를 내게 가르치소서.

Accept, O LORD, the willing praise of my mouth, and teach me your laws.

109 **Though I constantly take my life in my hands,**
나의 생명이 항상 위기에 있사오나

Though I constantly take my life in my hands, **I will not forget your law.**
나의 생명이 항상 위기에 있사오나 나는 주의 법을 잊지 아니하나이다.

Though I constantly take my life in my hands, I will not forget your law.

110 **The wicked have set a snare for me,**
악인들이 나를 해하려고 올무를 놓았사오니

The wicked have set a snare for me, **but I have not strayed from your precepts.**
악인들이 나를 해하려고 올무를 놓았사오니 나는 주의 법도들에서 떠나지 아니하였나이다.

The wicked have set a snare for me, but I have not strayed from your precepts.

111 **Your statutes are my heritage forever;**
주의 증거들로 내가 영원히 나의 기업을 삼았사오니

Your statutes are my heritage forever; **they are the joy of my heart.**
주의 증거들로 내가 영원히 나의 기업을 삼았사오니 이는 내 마음의 즐거움이 됨이니이다.

Your statutes are my heritage forever; they are the joy of my heart.

112 **My heart is set on keeping**
내 마음을 기울였나이다.

My heart is set on keeping **your decrees to the very end.**
내가 주의 율례들을 영원히 행하려고 내 마음을 기울였나이다.

My heart is set on keeping your decrees to the very end.

113 **I hate double-minded men,**
내가 두 마음을 품는 자들을 미워하고

I hate double-minded men, **but I love your law.**
내가 두 마음을 품는 자들을 미워하고 주의 법을 사랑하나이다.

I hate double-minded men, but I love your law.

114 **You are my refuge and my shield;**
주는 나의 은신처요 방패시라

You are my refuge and my shield; **I have put my hope in your word.**
주는 나의 은신처요 방패시라 내가 주의 말씀을 바라나이다.

You are my refuge and my shield; I have put my hope in your word.

115 **Away from me, you evildoers,**
너희 행악자들이여 나를 떠날지어다

Away from me, you evildoers, **that I may keep the commands of my God!**
너희 행악자들이여 나를 떠날지어다 나는 내 하나님의 계명을 지키리로다.

Away from me, you evildoers, that I may keep the commands of my God!

116 **Sustain me according to your promise,**
주의 말씀대로 나를 붙들어 살게 하시고

Sustain me according to your promise, **and I will live; do not let my hopes be dashed.**
주의 말씀대로 나를 붙들어 살게 하시고 내 소망이 부끄럽지 않게 하소서.

Sustain me according to your promise, and I will live; do not let my hopes be dashed.

117 **Uphold me, and I will be delivered;**
나를 붙드소서 그리하시면 내가 구원을 얻고

Uphold me, and I will be delivered; **I will always have regard for your decrees.**
나를 붙드소서 그리하시면 내가 구원을 얻고 주의 율례들에 항상 주의 하리이다.

Uphold me, and I will be delivered; I will always have regard for your decrees.

118 **You reject all who stray from your decrees,**
주의 율례들에서 떠나는 자는 주께서 다 멸시하셨으니

You reject all who stray from your decrees, **for their deceitfulness is in vain.**
주의 율례들에서 떠나는 자는 주께서 다 멸시하셨으니 그들의 속임수는 허무함이니이다.

You reject all who stray from your decrees, for their deceitfulness is in vain.

119 **All the wicked of the earth you discard like dross;**

주께서 세상의 모든 악인들을 찌꺼기 같이 버리시니

All the wicked of the earth you discard like dross; **therefore I love your statutes.**

주께서 세상의 모든 악인들을 찌꺼기 같이 버리시니 그러므로 내가 주의 증거들을 사랑하나이다.

All the wicked of the earth you discard like dross; therefore I love your statutes.

120 **My flesh trembles in fear of you;**

내 육체가 주를 두려워함으로 떨며

My flesh trembles in fear of you; **I stand in awe of your laws.**

내 육체가 주를 두려워함으로 떨며 내가 또 주의 판단을 두려워하나이다.

My flesh trembles in fear of you; I stand in awe of your laws.

insight n.통찰력, 식견 | perish v.멸망하다, 죽다 | perfection v.완전, 완벽 | boundless a.끝없는, 무한한 | depart v.떠나다 | gain v.획득하다, 얻다 | comfirm v.확정하다 | constantly ad.항상 | snare n.덫, 올가미 | heritage n.유산, 기업 | refuge n.피난처, 은신처 | shield n.방패 | evildoer n.행악자 | dash v.돌진하다 | vain a.헛된 | discard v.폐기하다 | dross n.찌꺼기, 쓰레기 | tremble v.떨리다

여섯째 날(121-144절)

열일곱 번째 연(121-128절)에서 시인은 주의 말씀을 따라 공의를 행하며 범사에 바르게 살았음을 고백하며 주께서 자신을 보증하시기를 간구한다. 그러기에 자신을 악한 자들에게 넘기지 마시며 교만한 자들이 자신을 박해하지 말게 하실 것을 구한다. 열여덟 번째 연(129-136절)에서 시인은 자신이 주의 계명을 사모함으로 자신의 입을 열고 헐떡였음을 고백하며 나아가 주의 그 놀라운 법을 지키지 아니하는 사람들로 인해 그의 눈물이 시냇물같이 흐른다고 애통해 한다. 열아홉 번째 연(137-144절)에서 시인은 주는 의로우시고 주의 판단은 옳으며 주의 증거들은 지극히 성실하시고 주의 말씀은 심히 순수하고 주의 의는 영원한 의이며 주의 율법은 진리임으로 그는 자신에게 우환이 미쳐도 주의 말씀은 자신의 즐거움이라고 고백한다.

121 **I have done what is righteous and just;**
내가 정의와 공의를 행하였사오니

I have done what is righteous and just; **do not leave me to my oppressors.**
내가 정의와 공의를 행하였사오니 나를 박해하는 자들에게 나를 넘기지 마옵소서.

I have done what is righteous and just; do not leave me to my oppressors.

122 **Ensure your servant's well-being;**
주의 종을 보증하사 복을 얻게 하시고

Ensure your servant's well-being; **let not the arrogant oppress me.**
주의 종을 보증하사 복을 얻게 하시고 교만한 자들이 나를 박해하지 못하게 하소서.

Ensure your servant's well-being; let not the arrogant oppress me.

123 **My eyes fail, looking for your salvation,**
내 눈이 주의 구원을 사모하기에 피곤하니이다.

My eyes fail, looking for your salvation, **looking for your righteous promise.**
내 눈이 주의 구원과 주의 의로운 말씀을 사모하기에 피곤하니이다.

My eyes fail, looking for your salvation, looking for your righteous promise.

124 **Deal with your servant according to your love**
주의 인자하심대로 주의 종에게 행하사

Deal with your servant according to your love **and teach me your decrees.**
주의 인자하심대로 주의 종에게 행하사 내게 주의 율례들을 가르치소서.

Deal with your servant according to your love and teach me your decrees.

125 **I am your servant; give me discernment**
나는 주의 종이오니 나를 깨닫게 하소서.

I am your servant; give me discernment **that I may understand your statutes.**
나는 주의 종이오니 나를 깨닫게 하사 주의 증거들을 알게 하소서.

I am your servant; give me discernment that I may understand

your statutes.

126 It is time for you to act, O LORD;
지금은 여호와께서 일하실 때니이다.

It is time for you to act, O LORD; **your law is being broken.**
그들이 주의 법을 폐하였사오니 지금은 여호와께서 일하실 때니이다.

It is time for you to act, O LORD; your law is being broken.

127 **Because I love your commands more than gold,**
그러므로 내가 주의 계명들을 금보다 더 사랑하나이다.

Because I love your commands more than gold, **more than pure gold,**
그러므로 내가 주의 계명들을 금 곧 순금보다 더 사랑하나이다.

Because I love your commands more than gold, more than pure gold,

128 **and because I consider all your precepts right,**
그러므로 내가 범사에 모든 주의 법도들을 바르게 여기고

and because I consider all your precepts right, **I hate every wrong path.**
그러므로 내가 범사에 모든 주의 법도들을 바르게 여기고 모든 거짓 행위를 미워하나이다.

and because I consider all your precepts right, I hate every wrong path.

129 **Your statutes are wonderful;**

주의 증거들은 놀라우므로

Your statutes are wonderful; **therefore I obey them.**

주의 증거들은 놀라우므로 내 영혼이 이를 지키나이다.

Your statutes are wonderful; therefore I obey them.

130 **The unfolding of your words gives light;**

주의 말씀을 열면 빛이 비치어

The unfolding of your words gives light; **it gives understanding to the simple.**

주의 말씀을 열면 빛이 비치어 우둔한 사람들을 깨닫게 하나이다.

The unfolding of your words gives light; it gives understanding to the simple.

131 **I open my mouth and pant,**

내가 입을 열고 헐떡였나이다.

I open my mouth and pant, **longing for your commands.**

내가 주의 계명을 사모함으로 내가 입을 열고 헐떡였나이다.

I open my mouth and pant, longing for your commands.

132 **Turn to me and have mercy on me,**

내게 돌이키사 내게 은혜를 베푸소서.

Turn to me and have mercy on me, **as you always do to those**

who love your name.
주의 이름을 사랑하는 자들에게 베푸시던 대로 내게 돌이키사 내게 은혜를 베푸소서.

Turn to me and have mercy on me, as you always do to those who love your name.

133 Direct my footsteps according to your word;
나의 발걸음을 주의 말씀에 굳게 세우시고

Direct my footsteps according to your word; let no sin rule over me.
나의 발걸음을 주의 말씀에 굳게 세우시고 어떤 죄악도 나를 주관하지 못하게 하소서.

Direct my footsteps according to your word; let no sin rule over me.

134 Redeem me from the oppression of men,
사람의 박해에서 나를 구원하소서

Redeem me from the oppression of men, that I may obey your precepts.
사람의 박해에서 나를 구원하소서 그리하시면 내가 주의 법도를 지키리이다.

Redeem me from the oppression of men, that I may obey your precepts.

135 Make your face shine upon your servant
주의 얼굴을 주의 종에게 비추시고

Make your face shine upon your servant and teach me your decrees.

주의 얼굴을 주의 종에게 비추시고 주의 율례로 나를 가르치소서.

Make your face shine upon your servant and teach me your decrees.

136 **Streams of tears flow from my eyes,**
내 눈물이 시냇물 같이 흐르나이다.

Streams of tears flow from my eyes, **for your law is not obeyed.**
그들이 주의 법을 지키지 아니하므로 내 눈물이 시냇물 같이 흐르나이다.

Streams of tears flow from my eyes, for your law is not obeyed.

137 **Righteous are you, O LORD,**
여호와여 주는 의로우시고

Righteous are you, O LORD, **and your laws are right.**
여호와여 주는 의로우시고 주의 판단은 정직하시니이다.

Righteous are you, O LORD, and your laws are right.

138 **The statutes you have laid down are righteous;**
주께서 명령하신 증거들은 의롭고

The statutes you have laid down are righteous; **they are fully trustworthy.**
주께서 명령하신 증거들은 의롭고 지극히 성실하니이다.

The statutes you have laid down are righteous; they are fully trustworthy.

139 **My zeal wears me out,**
내 열정이 나를 삼켰나이다.

My zeal wears me out, **for my enemies ignore your words.**
내 대적들이 주의 말씀을 잊어버렸으므로 내 열정이 나를 삼켰나이다.

My zeal wears me out, for my enemies ignore your words.

140 **Your promises have been thoroughly tested,**
주의 말씀이 심히 순수하므로

Your promises have been thoroughly tested, **and your servant loves them.**
주의 말씀이 심히 순수하므로 주의 종이 이를 사랑하나이다.

Your promises have been thoroughly tested, and your servant loves them.

141 **Though I am lowly and despised,**
내가 미천하여 멸시를 당하나

Though I am lowly and despised, **I do not forget your precepts.**
내가 미천하여 멸시를 당하나 주의 법도를 잊지 아니하였나이다.

Though I am lowly and despised, I do not forget your precepts.

142 **Your righteousness is everlasting**
주의 의는 영원한 의요

Your righteousness is everlasting **and your law is true.**

주의 의는 영원한 의요 주의 율법은 진리로소이다.

Your righteousness is everlasting and your law is true.

143 **Trouble and distress have come upon me,**

환난과 우환이 내게 미쳤으나

Trouble and distress have come upon me, **but your commands are my delight.**

환난과 우환이 내게 미쳤으나 주의 계명은 나의 즐거움이니이다.

Trouble and distress have come upon me, but your commands are my delight.

144 **Your statutes are forever right;**

주의 증거들은 영원히 의로우시니

Your statutes are forever right; **give me understanding that I may live.**

주의 증거들은 영원히 의로우시니 나로 깨닫게 하사 살게 하소서.

Your statutes are forever right; give me understanding that I may live.

oppressor n.억압자, 압제자 | ensure v.확실히 하다, 보증하다 | discernment n.식별 unfold v.펼치다, 펴다 | footstep n.발걸음, 발자국 | oppression n.억압, 압제 | ignore v.무시하다 lowly a.지위가 낮은 | understanding n.이해력, 분별력

일곱째 날(145-176절)

스무 번째 연(145-152절)에서 시인은 주의 완전하신 말씀으로 인해 주를 의지하여 주께 간구한다. '주께 부르짖는다.'는 말이 세 번이나 나올 정도로 주를 신뢰함으로 부르짖는다. 그리고 그는 주의 말씀을 읊조리려고 새벽녘에 눈을 떴다고 고백한다. 스물한 번째 연(153-160절)에서 그는 자신이 얼마나 주의 말씀을 사랑하는지를 굽어보시고 주의 말씀을 따라 자신을 구원해 주실 것을 간구한다. 시인은 주의 말씀이 완전함을 확신하고 있으며 자신도 그 말씀을 진실로 사랑함을 확신한다. 시인은 스물두 번째 연(161-168절)에서 악인들은 악을 행하나 자신은 주의 말씀만을 사랑함을 고백한다. 또한 그 주의 규례들로 인해 하루에 일곱 번씩 주를 찬양한다는 놀라운 고백을 드린다. 그는 주의 말씀을 사랑함으로 인해 완전한 예배자의 길로 들어선 것이다. 마지막 스물세 번째 연(169-176절)에서 시인은 주의 말씀으로 인해 자신의 육체가 주를 향해 있음을 고백한다.

145 **I call with all my heart; answer me, O LORD,**
여호와여 내가 전심으로 부르짖었사오니 내게 응답하소서

I call with all my heart; answer me, O LORD, **and I will obey your decrees.**
여호와여 내가 전심으로 부르짖었사오니 내게 응답하소서 내가 주의 증거들을 지키리이다.

I call with all my heart; answer me, O LORD, and I will obey your decrees.

146 **I call out to you; save me**
내가 주께 부르짖었사오니 나를 구원하소서

I call out to you; save me **and I will keep your statutes.**
내가 주께 부르짖었사오니 나를 구원하소서 내가 주의 증거들을 지키리이다.

I call out to you; save me and I will keep your statutes.

147 **I rise before dawn and cry for help;**
내가 날이 밝기 전에 부르짖으며

I rise before dawn and cry for help; **I have put my hope in your word.**
내가 날이 밝기 전에 부르짖으며 주의 말씀을 바랐사오며

I rise before dawn and cry for help; I have put my hope in your word.

148 **My eyes stay open through the watches of the night,**
내가 새벽녘에 눈을 떴나이다.

My eyes stay open through the watches of the night, **that I may meditate on your promises.**
주의 말씀을 조용히 읊조리려고 내가 새벽녘에 눈을 떴나이다.

My eyes stay open through the watches of the night, that I may meditate on your promises.

149 **Hear my voice in accordance with your love;**
주의 인자하심을 따라 내 소리를 들으소서

Hear my voice in accordance with your love; **preserve my life, O LORD, according to your laws.**

주의 인자하심을 따라 내 소리를 들으소서 여호와여 주의 규례들을 따라 나를 살리소서.

Hear my voice in accordance with your love; preserve my life, O LORD, according to your laws.

150 **Those who devise wicked schemes are near,**
악을 좇는 자들이 가까이 왔사오니

Those who devise wicked schemes are near, **but they are far from your law.**
악을 좇는 자들이 가까이 왔사오니 그들은 주의 법에서 머니이다.

Those who devise wicked schemes are near, but they are far from your law.

151 **Yet you are near, O LORD,**
여호와여 주께서 가까이 계시오니

Yet you are near, O LORD, **and all your commands are true.**
여호와여 주께서 가까이 계시오니 주의 모든 계명은 진리니이다.

Yet you are near, O LORD, and all your commands are true.

152 **Long ago I learned from your statutes**
내가 전부터 주의 증거들을 알고 있었으므로

Long ago I learned from your statutes **that you established them to last forever.**
내가 전부터 주의 증거들을 알고 있었으므로 주께서 영원히 세우신 것인 줄을 알았나이다.

Long ago I learned from your statutes that you established them to last forever.

153 **Look upon my suffering and deliver me,**
나의 고난을 보시고 나를 건지소서

Look upon my suffering and deliver me, **for I have not forgotten your law.**
나의 고난을 보시고 나를 건지소서 내가 주의 법을 잊지 아니함이니이다.

Look upon my suffering and deliver me, for I have not forgotten your law.

154 **Defend my cause and redeem me;**
주께서 나를 변호하시고 나를 구하사

Defend my cause and redeem me; **preserve my life according to your promise.**
주께서 나를 변호하시고 나를 구하사 주의 말씀대로 나를 살리소서.

Defend my cause and redeem me; preserve my life according to your promise.

155 **Salvation is far from the wicked,**
구원이 악인들에게서 멀어짐은

Salvation is far from the wicked, **for they do not seek out your decrees.**

구원이 악인들에게서 멀어짐은 그들이 주의 율례들을 구하지 아니함이니이다.

Salvation is far from the wicked, for they do not seek out your decrees.

156 **Your compassion is great, O LORD;**
여호와여 주의 긍휼이 크오니

Your compassion is great, O LORD; **preserve my life according to your laws.**
여호와여 주의 긍휼이 크오니 주의 규례들에 따라 나를 살리소서.

Your compassion is great, O LORD; preserve my life according to your laws.

157 **Many are the foes who persecute me,**
나를 핍박하는 자들과 나의 대적들이 많으나

Many are the foes who persecute me, **but I have not turned from your statutes.**
나를 핍박하는 자들과 나의 대적들이 많으나 나는 주의 증거들에서 떠나지 아니하였나이다.

Many are the foes who persecute me, but I have not turned from your statutes.

158 **I look on the faithless with loathing,**
거짓된 자들을 내가 보고 슬퍼하였나이다.

I look on the faithless with loathing, **for they do not obey your word.**

주의 말씀을 지키지 아니하는 거짓된 자들을 내가 보고 슬퍼하였나이다.

I look on the faithless with loathing, for they do not obey your word.

159 **See how I love your precepts;**
내가 주의 법도들을 사랑함을 보옵소서

See how I love your precepts; **preserve my life, O LORD, according to your love.**
내가 주의 법도들을 사랑함을 보옵소서 여호와여 주의 인자하신 대로 나를 살리소서.

See how I love your precepts; preserve my life, O LORD, according to your love.

160 **All your words are true;**
주의 말씀의 강령은 진리이오니

All your words are true; **all your righteous laws are eternal.**
주의 말씀의 강령은 진리이오니 주의 의로운 모든 규례들은 영원하리이다.

All your words are true; all your righteous laws are eternal.

161 **Rulers persecute me without cause,**
고관들이 무고히 나를 핍박하오나

Rulers persecute me without cause, **but my heart trembles at your word.**
고관들이 무고히 나를 핍박하오나 나의 마음은 주의 말씀만 경외하나이다.

Rulers persecute me without cause, but my heart trembles at your word.

162 **I rejoice in your promise**
나는 주의 말씀을 즐거워하나이다.

I rejoice in your promise **like one who finds great spoil.**
사람이 많은 탈취물을 얻은 것처럼 나는 주의 말씀을 즐거워하나이다.

I rejoice in your promise like one who finds great spoil.

163 **I hate and abhor falsehood**
나는 거짓을 미워하며 싫어하고

I hate and abhor falsehood **but I love your law.**
나는 거짓을 미워하며 싫어하고 주의 율법을 사랑하나이다.

I hate and abhor falsehood but I love your law.

164 **Seven times a day I praise you**
내가 하루 일곱 번씩 주를 찬양하나이다.

Seven times a day I praise you **for your righteous laws.**
주의 의로운 규례들로 말미암아 내가 하루 일곱 번씩 주를 찬양하나이다.

Seven times a day I praise you for your righteous laws.

165 **Great peace have they who love your law,**
주의 법을 사랑하는 자에게는 큰 평안이 있으니

Great peace have they who love your law, **and nothing can make them stumble.**
주의 법을 사랑하는 자에게는 큰 평안이 있으니 **그들에게 장애물이 없으리라.**

Great peace have they who love your law, and nothing can make them stumble.

166 **I wait for your salvation, O LORD,**
여호와여 내가 주의 구원을 바라며

I wait for your salvation, O LORD, **and I follow your commands.**
여호와여 내가 주의 구원을 바라며 주의 계명들을 행하였나이다.

I wait for your salvation, O LORD, and I follow your commands.

167 **I obey your statutes,**
내 영혼이 주의 증거들을 지켰사오니

I obey your statutes, **for I love them greatly.**
내 영혼이 주의 증거들을 지켰사오니 내가 이를 지극히 사랑하나이다.

I obey your statutes, for I love them greatly.

168 **I obey your precepts and your statutes,**
내가 주의 법도들과 증거들을 지켰사오니

I obey your precepts and your statutes, **for all my ways are known to you.**
내가 주의 법도들과 증거들을 지켰사오니 나의 모든 행위가 주 앞에 있음이니이다.

I obey your precepts and your statutes, for all my ways are known to you.

169 **May my cry come before you, O LORD;**
여호와여 나의 부르짖음이 주의 앞에 이르게 하시고

May my cry come before you, O LORD; **give me understanding according to your word.**
여호와여 나의 부르짖음이 주의 앞에 이르게 하시고 주의 말씀대로 나를 깨닫게 하소서.

May my cry come before you, O LORD; give me understanding according to your word.

170 **May my supplication come before you;**
나의 간구가 주의 앞에 이르게 하시고

May my supplication come before you; **deliver me according to your promise.**
나의 간구가 주의 앞에 이르게 하시고 주의 말씀대로 나를 건지소서.

May my supplication come before you; deliver me according to your promise.

171 **May my lips overflow with praise,**
내 입술이 찬양하리이다.

May my lips overflow with praise, **for you teach me your decrees.**
주께서 율례를 내게 가르치시므로 내 입술이 찬양하리이다.

May my lips overflow with praise, for you teach me your decrees.

172 **May my tongue sing of your word,**
내 혀가 주의 말씀을 노래하리이다.

May my tongue sing of your word, **for all your commands are righteous.**
주의 모든 계명들이 의로우므로 내 혀가 주의 말씀을 노래하리이다.

May my tongue sing of your word, for all your commands are righteous.

173 **May your hand be ready to help me,**
주의 손이 항상 나의 도움이 되게 하소서.

May your hand be ready to help me, **for I have chosen your precepts.**
내가 주의 법도들을 택하였사오니 주의 손이 항상 나의 도움이 되게 하소서.

May your hand be ready to help me, for I have chosen your precepts.

174 **I long for your salvation, O LORD,**
여호와여 내가 주의 구원을 사모하였사오며

I long for your salvation, O LORD, **and your law is my delight.**
여호와여 내가 주의 구원을 사모하였사오며 주의 법을 즐거워하나이다.

I long for your salvation, O LORD, and your law is my delight.

175 **Let me live that I may praise you,**

내 영혼을 살게 하소서 그리하시면 주를 찬송하리이다.

Let me live that I may praise you, **and may your laws sustain me.**

내 영혼을 살게 하소서 그리하시면 주를 찬송하리이다. 주의 규례들이 나를 돕게 하소서.

Let me live that I may praise you, and may your laws sustain me.

176 **I have strayed like a lost sheep. Seek your servant,**

잃은 양같이 내가 방황하오니 주의 종을 찾으소서

I have strayed like a lost sheep. Seek your servant, **for I have not forgotten your commands.**

잃은 양같이 내가 방황하오니 주의 종을 찾으소서 내가 주의 계명들을 잊지 아니함이니이다.

I have strayed like a lost sheep. Seek your servant, for I have not forgotten your commands.

scheme | n.계획, 음모 | compassion n.자비 | loathing n.혐오 | falsehood n.허위, 기만 | stumble v.넘어지다 | supplication n.탄원, 애원 | overflow v.넘쳐흐르다 | sustain v.유지하다, 지탱하다 | stray v.유리하다, 방황하다

하나님이 주시는 두 가지 복

하나님은 인간을 복 주시기 위해 창조하셨다. 처음부터 그분은 인간을 세상 그 무엇보다 귀하고 아름다운 '걸작품(에베소서 2:10)'으로 만드셨다.

인간을 향하신 그분의 첫 번째 축복의 언어는 '생육하고 번성하며 땅에 충만케 되는 것(창세기 1:28절)'이었다. 그분의 손안에서 귀하게 창조된 인간은 곧 그 전능자의 말씀을 따라 살아갈 때에 그분의 애초 뜻대로 위대한 삶을 살아갈 수 있게 되는 것이다.

하나님으로부터 온 복에는 두 종류가 있는 데 그 첫째는 세상의 모든 사람들에게 동일하게 주시는 복이다. 그것은 햇빛이나 공기와 같은 모든 사람에게 보편적으로 주시는 복이다. 그와 같은 복은 그분의 손으로 만들어진 모든 피조물이면 다 받을 수 있다. 그러나 또 다른 한 가지 복은 특별한 사람들에게만 주시는 그분의 특별한 복이다. 그것은 개인에 따라 각각 다르게 내려지는 복이다. 그런데 그 복은 하나님의 말씀을 읽고 외우고 읊조리고 순종하는 사람들에게 주시는 특별한 복이다. 그 특별한 복은 하나님의 말씀을 지킴으로 받는 복이다.

나는 여기서 나의 삶의 큰 뿌리이자 신학인 '예수 믿어 구원 받고 하나님의 말씀을 순종하여 복 받는다'는 평범한 비밀을 말하고 싶다.

사람이나 동물이나 식물이라도 하나님이 창조하신 피조물은 누구나 햇빛을 받고 비를 맞으며 공기를 마음껏 마실 수 있지만 그분이 내리시는 특별한 복은 그의 말씀을 날마다 읽고 외우고 읊조리며 그 말씀대로 살아가는 사람에게만 주어진다. 그것은 각자의 선택이고 그 선택에 따라 하나님은 오늘도 복 주신다.

당신이 그 특별한 복의 주인공이 되기를 원한다면 그분의 법을 날마다 읽고 외우고 그 말씀대로 살아가면 되는 것이다. 앞서 살았던 위대한 거장들은 모두가 다 그러한 사람들이었다. 아브라함이 그랬고 이삭이 그랬고 또 노아가 그런 사람이었다. 이스라엘의 초대 왕이었던 사울이 그의 하나님 말씀을 버렸을 때에 하나님도 그를 버리셨고(사무엘상15:23) 이스라엘의 두 번째 왕이었던 다윗이 그분의 말씀을 붙잡았을 때에 그의 하나님도 그를 붙잡으셨다.

하나님이 쓰시는 위대한 거장이 되기를 원하는 당신을 위해 나는 기쁨으로 이 책을 세상에 내 놓는다.

주님의 땅에서 그분의 종

김 다윗

성경과 영어를 동시에 시편 영어로 통째 외우기

펴낸날 **초판 1쇄 2008년 6월 20일**
초판 8쇄 2019년 10월 14일

지은이 **김다윗**
펴낸이 **심만수**
펴낸곳 **(주)살림출판사**
출판등록 **1989년 11월 1일 제9-210호**

주소 **경기도 파주시 광인사길 30**
전화 **031-955-1350** 팩스 **031-624-1356**
홈페이지 **http://www.sallimbooks.com**
이메일 **book@sallimbooks.com**

ISBN 978-89-522-0923-8 03230